HISTOIRE

DU DÉPARTEMENT

DE

L'AUBE

AVEC LA BIOGRAPHIE

DES PERSONNAGES REMARQUABLES

qui en sont originaires

PAR

C. DODEY

Inspecteur primaire, Officier d'Académie

Prix 30 cent^{mes}

GUSTAVE GUÉRIN ET Cie
Éditeurs des Histoires départementales

PARIS

22, RUE DES BOULANGERS, 22

Tous droits réservés

Exposition universelle de 1839; MÉDAILLE D'ARGENT

CHEZ LES MÊMES ÉDITEURS :

Histoire de France (cours élémentaire), par F. Lhomme, professeur au lycée Janson de Sailly, agrégé de l'Université, et A. Borgnet, principal de Collège, ancien professeur d'histoire . . . . Prix cartonné, 80 c.
— Le même, avec notice départementale . . . . — 1 fr. c
Histoire de France (cours moyen), des mêmes auteurs. — 1 fr. 10
— Le même, avec notice départementale . . . . — 1 fr. 60

LA MÉTHODE NOUVELLE
DE GÉOGRAPHIE ET DE CARTOGRAPHIE
De MM. G. PAUL et R. HAUSERMANN
SE COMPOSE DE :
ENSEIGNEMENT PRIMAIRE

Cours préparatoire (section enfantine) destiné aux écoles maternelles . 50 c.
1 Atlas primaire. — *Cours élémentaire* contenant 28 figures et 13 cartes avec texte en regard. 32 pages, cartonné . . . . 70 c.
Le même, avec une notice et 2 cartes du Département, cartonné . . 1 fr. c
1 Atlas élémentaire, livre du Maître, cartonné . . . . 70 c.
2 Cahiers muets primaires, correspondant à l'atlas primaire et contenant les deux cahiers . . . . 20 c.
1 Atlas primaire. — *Cours moyen*, suffisant au certificat d'études, cart. 1 fr. 35
Le même, avec une notice et 2 cartes du département, cartonné . . . 1 fr. 85
1 Atlas moyen, livre du Maître, cartonné . . . . 1 fr. 70

ENSEIGNEMENT PRIMAIRE SUPÉRIEUR ET ENSEIGNEMENT SECONDAIRE

6 Cahiers-Atlas pour l'étude de la France et de ses Colonies.
6 Cahiers-Atlas pour l'étude de la Terre moins la France.
Chacun de ces Cahiers forme un petit Atlas bien complet pour la partie de la France ou de la Terre que l'on veut étudier.
Prix du Cahier-Atlas contenant 7 ou 8 cartes avec texte en regard . . . . . 50 c.
12 Cahiers muets de Géographie moderne, contenant les cartes muettes correspondant aux cartes des Cahiers-Atlas, et autant de pages projections réservées à la confection, par l'élève, de ces mêmes cartes. Prix de chaque cahier. . 10 c.
Les Cahiers-muets sont imprimés en lithographie sur papier teinté parcheminé de premier choix.
1 Atlas cartonné : La France et ses Colonies contenant 45 cartes avec texte. 2 fr. 40
Le même, avec une Notice et deux cartes du Département. . . . . . 2 fr. 90
1 Atlas de la France et de ses Colonies, livre du Maître, cart. . . 2 fr. c
1 Atlas cartonné : Le Monde, moins la France, contenant 42 cartes avec texte. 2 fr. 10
1 Atlas du monde moins la France, livre du Maître, cart. . . . . . 2 fr. c
1 Atlas cartonné : Atlas universel de Géographie moderne, contenant 87 cartes avec texte . . . . 4 fr. 50

OUVRAGES DIVERS

Nouvelle Méthode pratique de Langue anglaise, par J. Forgeron, professeur d'anglais au collège Rollin, agrégé de l'Université, officier d'Académie ; un volume in-18 cartonné . . . . 1 fr. 25
Cahiers d'Écriture. — Méthode Massicault (la moins chère des méthodes connues), modèles gravés sur acier. Tirage lithographique en couleur sur papier teinté fort. Format in-4 couronne, 16 pages. La Méthode Massicault est divisée en 10 cahiers . . . . Les 10 cahiers, 50 c.
Carnet de Correspondance ou Notes scolaires, par quinzaine. In-18, 24 pages et couverture . . . . Prix. 10 c.
Arithmétique à l'usage des Écoles primaires, contenant plus de 1100 exercices et problèmes de calcul mental et de calcul écrit, par MM. Barbeau et Hatat, professeurs au collège Chaptal, officiers d'Académie :
   1re PARTIE. — *Cours élémentaire* (de 7 à 9 ans), in-18 cartonné . . . . 70 c.
   La même. — *Partie du Maître*, contenant les réponses et solutions . . 70 c.
Arithmétique (Calcul écrit. — Calcul mental). Notions pratiques de Géométrie, contenant plus de 3000 *Exercices et Problèmes*, dont 286 problèmes proposés dans les examens du certificat d'Études primaires et 50 *Problèmes résolus*, par MM. Barbeau et Hatat.
   2me PARTIE. — *Cours moyen* (de 9 à 11 ans). — Préparation au certificat d'Études primaires, in-18 cartonné . . . . 1 fr. 50
   Sous presse : la *Partie du maître*.

LE DÉPARTEMENT DE L'AUBE

Par DODFY,

Inspecteur de l'Enseignement primaire, Officier d'Académie.

PREMIÈRE PARTIE.

HISTOIRE DU DÉPARTEMENT.

§ 1ᵉʳ. — **LA CHAMPAGNE MÉRIDIONALE INDÉPENDANTE, PUIS SOUS LES ROMAINS.**

ORIGINES DE TROYES. — Les Troyens n'échappèrent point à l'ancienne coutume d'après laquelle les villes et les hommes faisaient remonter leur origine à un héros ou à un dieu. Les uns disaient que la ville devait son origine à quelques Phrygiens échappés du pillage de Troie, en Asie Mineure ; d'autres, qu'elle avait été bâtie par un consul romain qui l'avait appelée *Troja*, du nom de son fils, *Trojanus*.

Mais, en réalité, les Troyens, comme la plupart des peuplades gauloises, eurent une origine des plus obscures. La ville ne fut d'abord qu'un misérable village

---

Pour rédiger cette notice et les biographies qui la suivent, nous avons utilisé les ouvrages d'historiens locaux distingués, notamment ceux de MM. G. Carré, E. Socard, Lescuyer et A. Thévenot, à qui nous adressons nos sincères remerciments.

qui n'attira pas même l'attention de César. A cette époque, on vivait surtout aux champs et non dans les villes. Avant de construire des palais et des temples, les premiers habitants de notre pays n'eurent pour demeures que des bois et des marécages. Ils dressèrent au milieu de leurs champs d'énormes pierres brutes, surtout dans les environs de Nogent, puis réussirent à traiter les métaux. La contrée d'Othe renferme de nombreux vestiges de leur industrie du fer.

L'empereur romain Auguste, pour punir Agendicum, la trop puissante cité des Senons (Sens), la démembra et en tira la cité nouvelle des Tricasses, à laquelle il donna Troyes (d'abord Augustobona) pour capitale. Il se proposait d'y concentrer la vie romaine et de l'étendre sur des pays encore sauvages.

Bar-sur-Aube et Bar-sur-Seine ne faisaient pas partie de la cité des Tricasses.

La domination romaine. — L'ancienne Champagne gauloise changea complètement d'aspect en moins de cinquante ans. Les marais furent desséchés, les forêts, éclaircies; le pays était sillonné de belles routes. De somptueuses constructions remplaçaient les huttes en terre glaise. Les Tricasses, drapés dans la toge, ne parlaient plus que le latin. Il n'y avait rien d'aussi beau à leurs yeux que les institutions de l'Empire romain des Flaviens et des Antonins. Un riche citoyen d'Augustobona, Catullinus, après avoir exercé toutes les magistratures de sa cité, fut élu grand prêtre du culte d'Auguste. C'était le couronnement de toutes les carrières.

Décadence d'Augustobona. — Malheureusement cette paix et cette prospérité furent de courte durée. A la fin du deuxième siècle, les barbares et la guerre civile répandaient partout la ruine et la désolation. Augustobona, n'ayant pas été épargnée, comprit qu'il était bon de s'entourer de solides murailles. Elle employa les débris de ses édifices à construire des fortifications. Mais les campagnes, ravagées par les barbares, restaient en friche, les prisonniers de guerre ne suffisant pas pour les cultiver.

Les impôts étaient écrasants. Quand un colon avait

peine à payer sa taxe, on vendait son bœuf, sa charrue, ses enfants. Les magistrats municipaux, ou curiales, devaient répondre sur leurs biens du paiement entier de l'impôt. Il leur était impossible de se soustraire à ces pénibles et ruineuses fonctions. « Curiale tu es né, disait la loi, curiale tu mourras. » Aussi, ils s'enfuirent, se firent *bagaudes* ou brigands. « Les âmes, dit Michelet, tombèrent alors de découragement. Le peuple se coucha par terre de lassitude et de désespoir, comme la bête de somme se couche et refuse de se relever. »

Le Christianisme chez les Tricasses. — Au milieu de la désolation générale, un Grec, nommé *Savinien*, prêcha la religion du Christ parmi les Tricasses; il fut martyrisé. *Savine*, sa sœur, qui venait le rejoindre, expira de douleur en apprenant sa mort. Son nom fut donné à l'importante commune qui forme comme un faubourg de Troyes. C'est à peu près vers la même époque qu'il faut placer les martyres de *saint Parres* (Patocle), de *sainte Jule* et de ses compagnons.

Constantin mit fin aux persécutions et divisa l'Empire. Un évêque fut institué dans chaque cité et un archevêque au chef-lieu de la province ou métropole. C'est ainsi que Sens, métropole de la IVe Lyonnaise, devint archevêché, et Troyes, cité des Tricasses, évêché.

§ II. — TROYES ET LE MONDE BARBARE.

La grande invasion. — Au commencement du cinquième siècle, la Gaule, mal défendue par ses empereurs, fut tout à coup inondée par les flots des barbares qui depuis longtemps se pressaient sur ses frontières. Les Vandales traversèrent le Rhin vers 406 et détruisirent tout sur leur passage. Il est probable que Troyes fut préservée par ses murailles, mais ses campagnes subirent une dévastation complète.

L'empire se désorganise; rôle du clergé. — Menacés en Italie, les empereurs abandonnèrent aux barbares les territoires qu'ils ne pouvaient défendre. En peu de temps l'admirable système administratif de Rome s'écroula. Il n'en resta que les débris du régime municipal.

Les administrateurs n'étant plus soutenus s'enfuirent, et le peuple se recommanda à l'évêque, qui devint un homme universel : duumvir, ambassadeur, guerrier. La dîme fut établie.

ATTILA A TROYES. — A l'approche des hordes hideuses des Huns, les populations s'enfuyaient dans les bois. Pour la première fois, leur chef, *Attila*, recula devant la résistance des habitants d'Orléans. Il n'était pas vaincu pourtant, mais il cherchait probablement une plaine assez étendue pour y déployer son immense cavalerie.

Les Huns s'arrêtèrent non loin de Troyes. *Saint Loup*, évêque de cette ville, chargea le diacre *Memorius* (saint Mesmin) et plusieurs clercs d'aller porter à Attila des paroles de paix. Les députés rencontrèrent le *Fléau de Dieu* au village de Brolium, aujourd'hui Saint-Mesmin. Par malheur, leurs vêtements blancs effrayèrent le cheval du roi tartare qui, dans sa colère, les fit mettre à mort.

Toute négociation semblait dès lors inutile. Saint Loup pourtant ne perdit pas courage. Lorsque le roi barbare se présenta à la porte de l'ouest, il se trouva en présence de l'évêque, vêtu de ses ornements pontificaux et entouré de son clergé. Saisi de crainte superstitieuse depuis sa défaite, Attila craignit la puissance de l'évêque et lui promit d'épargner la ville, à condition qu'il l'accompagnât jusqu'au Rhin. Il croyait donner ainsi une protection à ses soldats découragés.

CLOVIS ET CLOTILDE A VIREY-SOUS-BAR. — Les provinces gauloises, n'ayant plus rien à attendre du gouvernement de Rome, tournèrent leurs regards vers la France. Clovis, sur le conseil des évêques, épousa la catholique Clotilde, nièce de Gondebaud, roi des Burgondes. Ce dernier prince, qui avait fait égorger le père de Clotilde, se repentit d'avoir accordé sa nièce à un homme capable de la venger un jour. A peine était-elle partie qu'il envoya à sa poursuite. Mais déjà Clotilde, abandonnant son lourd chariot de voyage, était montée à cheval et avait fait incendier le pays derrière elle.

« Dieu soit loué, s'écriait-elle en mettant le pied sur le territoire des Tricasses, je tiens enfin ma vengeance. » Clovis l'attendait à Virey-sous-Bar, qui était le premier village de Bourgogne, (à Villery, d'après quelques auteurs).

La guerre civile en Champagne, sous les Mérovingiens. — A la mort de Clovis, la cité de Troyes échut à *Thierry*. Elle passa, dans la suite, à *Clotaire I*^{er}, puis à *Gontran*, qui servit plusieurs fois de médiateur à ses deux frères batailleurs, Sigebert et Chilpéric. La lutte continua entre les deux belles-sœurs, Frédégonde et Brunehaut.

En 599, la Champagne vit Brunehaut vaincue et fugitive. Un pauvre homme la rencontra seule et égarée dans la plaine d'Arcis. Il la conduisit près de son petit-fils Thierry, roi de Bourgogne, et, pour prix de ce service, reçut l'évêché d'Auxerre.

Le monachisme en Champagne. — Dans cette société sauvage, les âmes tendres et délicates se détournaient de plus en plus des hommes et des choses du siècle pour se plonger dans la vie contemplative. C'est de cette époque que datent les premiers monastères de notre contrée; l'abbaye de Notre-Dame-aux-Nonnains, celle de Saint-Loup, à Troyes; le couvent d'Isle-Aumont, etc. *Saint Frobert* et ses disciples ont été les premiers défricheurs de la Champagne barbare. Depuis que la domination romaine avait disparu, on ne voyait partout que marécages, forêts impénétrables où erraient d'innombrables troupeaux de bêtes fauves. L'humble monastère de l'Isle-Germaine, fondé par saint Frobert, devint la riche abbaye de Montier-la-Celle, près de Troyes, d'où se répandit tout un peuple de missionnaires, d'instituteurs, de savants et même d'artistes.

Le clergé séculier. — Les évêques, de leur côté, complétaient l'œuvre des moines en faisant la guerre à l'idolâtrie, en bâtissant des églises et en ouvrant des écoles. Malheureusement, à cette époque troublée, on vit des prélats qui n'avaient d'évêque que le nom. Tel fut *Waimer*, duc de Champagne, évêque de Troyes, qui mutila saint Léger et finit ses jours par la corde.

Les conciles exigèrent des évêques et des clercs une vie pure et austère. Ils leur interdirent la chasse, la guerre et le mariage.

Les Normands en Champagne. — Charlemagne ne laissa que peu de souvenirs dans la Champagne méridionale. Malgré sa longue durée, son règne passa trop rapidement pour apporter un soulagement durable aux maux dont souffrait la société du moyen âge.

Les Normands ne se crurent pas tenus de respecter le pays qui leur avait donné le fameux chef *Hastings*, né, dit-on, à Trancault. De 888 à 925, leurs bandes ne cessèrent d'infester les environs de Troyes. La ville elle-même tomba entre leurs mains. Bientôt, cependant, l'évêque de Troyes, *Anségise*, organisa la résistance, surprit les barbares près de Chaumont et leur tua 800 hommes.

Cette bataille marque la fin des invasions barbares en Champagne.

§ III. — Les comtes de Champagne.

Les comtes de la maison de France et de la maison de Vermandois : Eudes et Robert de France. — Sous les Carlovingiens, Troyes était la capitale d'un comté créé par Charlemagne, et qui comprenait une grande partie de l'ancien pays des Tricasses.

Le valeureux fils de Robert le Fort, *Eudes*, devint premier comte héréditaire de Troyes, par le capitulaire de Kierzy-sur-Oise (877). En 878, il céda ce comté à son frère *Robert*, qui ne put empêcher les Normands de brûler sa capitale. C'était pourtant un homme de grand mérite. Il fut opposé, ainsi que son frère, à Charles le Simple, et porta comme lui le titre de roi.

Herbert de Vermandois et ses successeurs. — *Herbert* était un Carlovingien. Il descendait de l'infortuné Bernard, roi d'Italie, que Louis le Débonnaire avait si cruellement privé de la couronne et de la vie.

Robert, son fils, fut comte de Troyes. Il voulut s'emparer du duché de Bourgogne, mais n'éprouva que des revers. Alors le belliqueux évêque *Anségise* crut le moment venu de substituer son autorité à celle des anciens comtes. Chassé de son diocèse, il parut bientôt à la tête d'une troupe d'Allemands qui furent battus dans l'Yonne. Puis, abandonné des Germains, il crut prudent de traiter avec Robert et rentra en possession de son évêché, où il mourut, en 970.

Robert eut pour successeur son frère *Herbert II* (968-993), qui épousa *Ogive*, veuve de Charles le Simple. Malgré ses cinquante ans, cette ancienne reine de France n'eut pas honte de donner sa main au fils du geôlier de son mari.

*Etienne I*ᵉʳ (993-1019), fils d'Herbert II, termina la liste des comtes de Troyes de la maison de Vermandois. Comme il ne laissait pas d'enfants, *Eudes*, comte de Blois, se mit en possession de ses domaines.

LES COMTES DE LA MAISON DE BLOIS : EUDES LE CHAMPENOIS ET SES FILS. — Eudes II descendait par les femmes des anciens comtes de Vermandois. Le roi Robert avait épousé, en secondes noces, Berthe, sa mère. Il était turbulent et ambitieux. Devenu comte de Troyes en 1019, Eudes II fit le désespoir de ses voisins, leur chercha de mauvaises querelles, envahit leurs domaines, assaillit leurs châteaux. Plus tard, il courut toutes les routes, en quête de royaumes à conquérir. Il finit par se faire tuer aux environs de Bar-le-Duc (1037).

Il laissait deux fils : *Thibaut*, qui fut comte de Blois, et *Etienne*, comte de Champagne et de Brie. Etienne mourut en 1048, laissant un fils si apathique (1048-1063) que son oncle Thibaut le dépouilla. *Thibaut I*ᵉʳ (1063-1089) laissa trois fils, dont le dernier, *Hugues*, lui succéda définitivement en Champagne.

A cette époque, des pluies continuelles pourrissaient les semences dans les sillons; la peste, ou des épidémies plus terribles encore, ravageaient les villes et les villages.

LE COMTE HUGUES. — N'imitant pas ses prédécesseurs, qui s'étaient peu souciés de leurs sujets, il se laissa toucher par ces excessives misères. Aimé de *saint Robert* et de *saint Bernard*, il aida le premier à fonder l'abbaye de Molême, et le second, celle de Clairvaux. L'Eglise le força de se séparer de son épouse Constance, sa cousine au huitième degré. Hugues alla cacher en Terre-Sainte son humiliation et sa douleur. Une imprudence de sa seconde femme, Elisabeth, lui fit renier son fils Eudes. Il céda ses Etats à son neveu Thibaut, retourna en Palestine où il se fit Templier. Dès lors on n'entendit plus parler de lui.

THIBAUT II LE GRAND; SES PREMIÈRES ANNÉES (1125-1152). — *Thibaut II* passait pour l'un des seigneurs les plus riches et les plus braves de son temps. Il était « grand fondateur de couvents et d'abbayes. »

Le 25 novembre 1120, sa sœur, son beau-frère, ses cousins, les fils du roi d'Angleterre, ses cousines sombraient avec le navire la *Blanche-Nef*, qui se rendait de Barfleur en Angleterre. Thibaut montait un autre vaisseau et avait pu entendre, dans le lointain, les cris de détresse des naufragés. Depuis cette terrible catastrophe, il sut maîtriser ses violentes passions et vécut chrétiennement.

SAINT BERNARD ET ABÉLARD. — Saint Bernard, né en Bourgogne, moine de Cîteaux, fonda dans la vallée de l'Absinthe le monastère de *Clairvaux*, pour y mener une vie de douleur et de solitude. La famine, la maladie dévorèrent ses compagnons. Il ne se rebuta point, et pourtant il vivait à peine. « Il buvait de l'huile pour de l'eau, prenait du sang cru pour du beurre et vomissait presque tout aliment. A peine pouvait-il se tenir debout, et il trouvait des forces pour prêcher la croisade à cent mille hommes. Les mères éloignaient leurs fils de ses prédications, les femmes, leurs maris; ils l'auraient tous suivi au monastère. » Ecrivain infatigable, saint Bernard régna en despote sur toutes les intelligences et remplit le monde de son nom.

Sa rivalité avec *Abélard* est célèbre. Ce dernier, fils d'un seigneur breton, brillant orateur, avait attiré sur les hauteurs de Montmartre, près de Paris, toute la jeunesse des écoles. Puis il s'était retiré au Paraclet, dans les environs de Nogent. Ses disciples l'y suivirent. Ses doctrines étant opposées à celles de saint Bernard, celui-ci lui fit interdire la parole et l'obligea à recommencer sa vie errante.

DÉMÊLÉS DE THIBAUT AVEC LE ROI DE FRANCE. — Le roi de France Louis VII avait plusieurs griefs contre Thibaut. Il ne lui pardonnait pas, surtout, de lui avoir refusé son concours dans une expédition contre Toulouse. A la tête d'une armée, le roi envahit la Champagne et brûla Vitry. Treize cents personnes périrent dans l'incendie de l'église. Saint Bernard les réconcilia et fit conclure entre eux une paix solide. Le comte avait recherché l'amitié du grand homme, car les monastères étaient des colonies agricoles qui faisaient reculer les terres incultes. Il fit même rebâtir à ses frais l'abbaye de Clairvaux.

La piété et la charité de Thibaut II lui valurent le surnom de *Grand*. Il laissa quatre fils et six filles. *Henri*, l'aîné, lui succéda comme comte de Troyes et de Meaux. Sa fille *Alix*, ou Adèle, fut la troisième femme du roi Louis VII.

HENRI Ier LE LIBÉRAL (1127-1181). — C'est le plus brillant et le plus populaire des comtes de Champagne. Il avait pris part à la seconde croisade, du vivant de son père, et épousé *Marie*, fille du roi de France, Louis VII. Son inépuisable charité lui valut le surnom de *Libéral*; il donna aux abbayes, aux hôpitaux, aux lépreux, aux Templiers, à ses chevaliers, à ses amis, à ses vilains. Il octroyait des chartes d'affranchissement, des exemptions de tailles, et son trésor était ouvert à quiconque savait l'implorer.

Henri Ier est, en quelque sorte, le fondateur du comté de Champagne. C'est lui qui commença la grandeur de Troyes et qui distribua les eaux de la Seine dans la ville. Il mourut dans cette ville au retour de la croisade et fut inhumé dans l'église Saint-Étienne. Ses restes ont été transférés dans la cathédrale.

Son fils aîné, *Henri II*, se prépara bientôt à une nouvelle croisade, d'où il ne revint pas.

LES CHAMPENOIS EN TERRE-SAINTE. — En arrivant en Terre-Sainte, Henri II fut nommé généralissime, en attendant les rois de France et d'Angleterre ; Saint-Jean-d'Acre capitula. Son oncle, Richard Cœur-de-Lion, lui fit épouser *Isabelle*, héritière du royaume de Jérusalem ; mais cette petite couronne lui causa bien des ennuis. Il se tua en tombant d'une fenêtre de son palais.

La Champagne fournit encore la plupart des héros de la 4ᵉ croisade, qui fut racontée par notre premier grand écrivain en prose, *Villehardouin*. Les croisés prirent Zara et Constantinople. De nombreuses reliques furent envoyées à l'évêque de Troyes.

Les frères *Gauthier* et *Jean de Brienne* s'illustrèrent en Orient par leurs exploits. Le premier devint roi de Sicile ; le second, roi de Jérusalem et empereur de Constantinople. Après de nombreuses aventures, le prétendant *Érard de Brienne*, sire de Ramerupt, dut renoncer au comté de Champagne.

THIBAUT LE CHANSONNIER ET LES DERNIERS COMTES. — *Thibaut IV* est plus connu comme poète que comme homme de guerre. Ayant pris part aux campagnes de Louis VIII contre les Anglais et les Albigeois, il quitta nuitamment le camp du siège d'Avignon et fut accusé de trahison. Il allait se joindre à une ligue féodale du comte de Bretagne contre la régente lorsqu'il prit subitement le parti d'assurer de sa fidélité Blanche de Castille, à qui il dédia ses plus belles chansons.

La défection de Thibaut mécontenta les barons, qui le battirent en pleine campagne, et vinrent l'assiéger à Troyes. L'armée de Louis IX le sauva. En 1234, il alla prendre possession du petit royaume de Navarre, dont il venait d'hériter. Ses comtés de Blois et de Chartres ayant été vendus au roi pour se procurer de l'argent, il voulut bientôt les reprendre. Louis IX ne l'entendit pas ainsi, marcha droit à Thibaut qui eut peur, demanda à traiter et s'engagea à passer plusieurs années hors de France, tant en Navarre qu'en Terre-Sainte (1236). S'étant rendu à Paris, le comte d'Artois lui fit jeter au visage un fromage mou, pendant qu'un valet coupait la queue de son cheval. Le pauvre Thibaut se plaignit à la reine, et dut dévorer son affront en silence.

Fidèle à sa promesse, Thibaut mit quatre ans à terminer ses préparatifs de croisade, et il crut être agréable à Dieu en faisant brûler, en Champagne, 183 personnes accusées d'hérésie. La croisade ne fut pas heureuse. Gaza fut prise par l'ennemi, ce qui n'empêcha pas le comte de Champagne de composer encore des chants d'amour. Il mourut à Pampelune, chef-lieu de la province de Navarre (ou à Troyes), en 1253.

Le sénéchal, ou officier de justice de Thibaut, fut *Joinville*, l'historien de saint Louis.

URBAIN IV. — THIBAUT V ET HENRI III. — JEANNE DE NAVARRE. — *Jacques Pantaléon*, fils d'un savetier de Troyes, devint pape sous le nom d'*Urbain IV*. Les guerres du sud de l'Italie l'empêchèrent d'entrer à Rome. Il crut rendre un grand service à la France en installant Charles d'Anjou, frère de Louis IX, sur le trône de Naples. Il se trompait. Cette combinaison politique fit à la fois le malheur des Italiens et des Français.

Thibaut V (1253-1270), fils aîné du Chansonnier, lui succéda comme roi de Navarre et comte de Champagne. Il épousa *Isabelle de France*, fille de saint Louis, au retour de la croisade de Tunis. *Henri III* (1270-1274) ne fit que passer. Sa fille, *Jeanne de Navarre*, épousa Philippe le Bel.

LES LETTRES ET LES ARTS SOUS LES COMTES DE CHAMPAGNE. — LA POÉSIE. — C'est une époque glorieuse et féconde pour la vieille Champagne que celle des douzième et treizième siècles. La ville de Troyes développe son commerce et son industrie, construit des églises. Notre pays enfante de grands historiens, comme *Villehardouin* et *Joinville*; de grands poètes, comme *Thibaut le Chansonnier, Chrétien de Troyes, Huon de Méry, Colin Muset, Bertrand de Bar-sur-Aube* et le chevalier *Gasse Brûlé*, l'ami de Thibaut IV, avec lequel il fit « les plus belles chansons et les plus délitables et mélodieuses qui oncques furent ouïes. »

Les *Chansons de Gestes* avaient représenté la société féodale dans toute sa brutalité sauvage : elles n'offraient qu'une série de combats, de trahisons, de réparations. Les poètes du douzième siècle nous transportent dans un monde meilleur où les chevaliers perdent leur rudesse et deviennent polis.

L'ARCHITECTURE, LA SCULPTURE ET LA PEINTURE. — Les dizième et onzième siècles avaient peu construit. On n'était pas assez sûr du lendemain pour songer aux vastes entreprises. Mais le douzième siècle est, pour notre contrée, une époque de prospérité relative. La plupart des églises du département de l'Aube sont de ce siècle ou des premières années du suivant. L'ogive remplace le plein cintre. Les voûtes sont moins écrasées et les nefs moins sombres.

Enfin le douzième siècle brille avec l'architecture purement ogivale. On jette les premières pierres de la belle cathédrale Saint-Pierre, à Troyes, dont la construction dura 432 ans ; on commence l'église Saint-Urbain, plus remarquable encore que la cathédrale.

Au moyen âge, la sculpture et la peinture étaient subordonnées à l'architecture. La sculpture lui ciselait ses façades, la peinture enluminait ses fenêtres, l'orfèvrerie, la tapisserie et la broderie enrichissaient ses sanctuaires.

§ IV. — LES ANGLAIS EN CHAMPAGNE.

PHILIPPE LE BEL ET SES FILS. — La Champagne fut réunie au domaine royal par l'avènement de Philippe le Bel au trône de France (1285), mais elle conserva encore son administration particulière jusque sous les premiers Valois.

Guichard, évêque de Troyes, haïssait le roi et la reine, Jeanne de Navarre. Celle-ci étant morte, Philippe accusa l'évêque de toutes sortes de crimes et le fit mettre en prison. L'innocence de Guichard fut reconnue, mais il ne put rentrer en possession de son évêché.

LES TEMPLIERS. — Le procès des Templiers causa une plus grande émotion que celui de l'évêque. C'est que l'ordre était d'origine champenoise, et c'étaient des enfants du pays qu'on envoyait à la torture et au bûcher. Les Troyens protestèrent par leur silence et n'envoyèrent aucun député aux États généraux que le roi réunit à Tours pour faire approuver ses actes.

La Champagne n'eut guère plus à se louer des fils que

du père. C'est de leur règne que date la décadence des foires de Champagne.

En vertu de la loi salique, Philippe VI n'avait pas de titre pour conserver la Navarre et la Champagne, héritage des fils de la femme de Philippe le Bel. Il transigea avec la comtesse d'Évreux, fille de Louis X, en lui restituant la Navarre. Les désastres de la guerre de Cent ans allaient fondre sur notre province.

L'Invasion étrangère. — Dans la première période de la guerre de Cent ans, la Champagne n'eut pas trop à souffrir. Le roi Jean accorda même à ses habitants une faveur d'un grand prix : celle de pêcher les grenouilles dans leurs fossés.

Les Grandes Compagnies. — La Grande Compagnie, sous prétexte de rétablir Charles-le-Mauvais, fils de Jeanne d'Evreux, dans la possession de la Champagne, s'abattit sur notre malheureuse province. Elle était composée d'Anglais et de Français, réunis après le désastre de Poitiers pour le meurtre et le brigandage, et commandée par le terrible chef Eustache d'Aubrécicourt. La Grande Compagnie fut battue près de Nogent (1359), par Henri de Poitiers qui, de bailli de Troyes, en était devenu l'évêque. Malgré cette victoire, la Champagne ne respira pas longtemps. Les Anglais furent encore battus dans les environs de Troyes, et les chroniques rappellent les noms de Bar-sur-Aube et de Chacenay comme lieux témoins de sièges ou de combats. L'aventurier lorrain Fenestranges ruina Bar-sur-Seine, et une nuée de Brabançons, d'Allemands, de Tard-venus couvrirent notre province.

Sous Charles V. — Avec Charles V, la Champagne respira un moment. En 1370, les Anglais reparurent sous la conduite de Robert Knolles, qui ne trouva personne à combattre. Deux ans après, le duc de Lancastre, à la tête de 30,000 hommes, ne put que saccager les environs d'Arcis et de Brienne. En 1280, le comte de Buckingham essaya vainement d'attirer les Français à une bataille générale près de Troyes. Il tourna vers Sens, semant la route de morts et de mourants.

GUERRE CIVILE SOUS CHARLES VI. — La guerre, les épidémies, la famine, les impôts s'abattent en même temps sur Troyes, ruinent son commerce, anéantissent sa population. Les Troyens s'insurgent contre les agents royaux : on augmente leurs charges. Le jeune Charles VI passa deux fois à Troyes. La ville eut à cœur de le bien régaler. Pour amener les soixante-deux pièces de poissons destinés à sa table, il fallut un char attelé de quatre chevaux. On peut juger de l'état des chemins. De nombreux visiteurs, y compris l'historien Froissart, furent traités généreusement par les Troyens.

En 1417, Jean-sans-Peur essaya de faire de Troyes la seconde capitale du royaume. Il y transféra Isabeau de Bavière, à laquelle il constitua une cour. L'année suivante, il s'empara de Paris et du roi. Il pouvait se considérer comme le véritable roi de France, lorsqu'il fut assassiné au pont de Montereau (1419).

TRAITÉ DE TROYES. — Ce meurtre eut pour résultat le monstrueux traité de Troyes. Pour venger son père, Philippe-le-Bon livra son pays à l'Anglais. Catherine, fille de Charles VI, épousa Henri V d'Angleterre. Mais les partisans du Dauphin ne renonçaient pas à la lutte et occupaient Bar-sur-Aube, Dampierre, Allibaudières, Rosnay, etc.

La famine se fit sentir en 1420. L'année suivante, de fortes chaleurs engendrèrent des maladies épidémiques, et la malheureuse Champagne fut écrasée d'impôts anglais.

LA LIBÉRATION DU TERRITOIRE. — JEANNE D'ARC A TROYES. — Après la prise d'Orléans, Charles VII, se rendant à Reims, arriva le 5 juillet 1429, sous les murs de Troyes. La ville, défendue par 600 Anglo-Bourguignons, maîtres de la bourgeoisie, ne semblait pas décidée à se rendre sans combat. L'armée royale était réduite à manger les fèves que les Troyens, sur le conseil du moine Richard, avaient semées en attendant un libérateur. On parlait de lever le siège, lorsque Jeanne d'Arc s'écria : « Gentil roi, si vous voulez demeurer devant la ville, elle sera en votre obéissance avant trois jours, soit par force, soit par amour. » D'autre part, les défenseurs de Troyes ne songeaient pas, sans inquiétude, aux événements d'Orléans, qui avaient si mal tourné pour leurs compagnons d'armes : ils se décidèrent à traiter. Les bourgeois reçurent *amnistie générale*, et le roi fit son entrée avec Jeanne, le 10 juillet 1429.

A l'occasion de la paix, les Troyens voulurent rire un peu ; ils firent représenter des mystères et des moralités.

Les Écorcheurs en Champagne. — Charles VII et le duc de Bourgogne signèrent la paix d'Arras en 1435. Il était temps, car la ruine de la Champagne était complète.

Quand il eut réglé son compte avec les Anglais, le roi rendit, le 2 novembre 1439, la célèbre ordonnance d'Orléans, qui supprimait les Grandes Compagnies. Elles se soulevèrent et firent la *Praguerie* (1440). Il fit un grand exemple à Bar-sur-Aube. Le bâtard de Bourbon, chef de bandes, s'était rendu la terreur du pays. Après un procès sommaire, le misérable fut condamné à être roué et jeté dans un sac à la rivière. En mémoire de ce lugubre événement, ses amis construisirent, sur le pont, une petite chapelle qui existe encore.

De nombreuses bandes d'écorcheurs se dirigèrent sur la Champagne, mais elles ne firent que passer. Le roi et le dauphin les firent massacrer en Suisse et en Lorraine.

C'est à deux Champenois, dont la famille était originaire de Semoine (canton d'Arcis), que la royauté dut l'arme terrible avec laquelle elle combattit les féodaux. Jean et Gaspard Bureau furent grands-maîtres de l'artillerie.

Louis XI et les Troyens. — Procédés différents du roi. — Tant qu'il craignit le duc de Bourgogne, Louis XI flatta les Troyens. Lors de la fameuse *Ligue du Bien public*, il leur écrit de nombreuses lettres de promesses. En 1468, il leur déclare qu'il a été forcé, par le traité de Péronne, de céder la Champagne à son frère Charles ; mais que, ne voulant pas se séparer d'aussi bons sujets, il est parvenu à lui faire accepter la Guyenne. En 1470, il accorde aux habitants de sa bonne ville de Troyes la faculté de jouir et d'user perpétuellement d'*échevinage* (municipalité).

En 1474, le duc de Bourgogne s'est fait battre sous les murs de Beauvais et a échoué contre les Allemands : son prestige s'est évanoui. Aussi Louis XI, qui ne le craint plus, change de ton avec les Troyens. Il révoque la charte d'échevinage et fait administrer la ville par une commission de ses gens. Par mesure de sûreté, il fait faire le recensement des armes possédées par chacun des habitants; précaution inutile, car les Troyens étaient dévoués à la monarchie. Ils le prouvèrent en secondant l'armée royale à la prise de Bar-sur-Seine. Il est vrai qu'ils avaient une vieille querelle à vider avec les Barséquanais. Froissart avait écrit que :

> La grande ville de Bar-sur-Seigne
> A fait trembler Troyes en Champaigne.

Après la mort du Téméraire, les *chers amis* du roi rentrèrent tout à coup dans la catégorie des vilains et des manants, taillables et corvéables à merci.

D'énormes subsides furent exigés des Troyens, tant en argent qu'en nature. En dépit de la convention de 1429, d'après laquelle Troyes ne devait pas avoir de garnison, Louis XI envoya dans cette ville 2000 soldats suisses.

La ville d'Arras ayant osé braver le roi, celui-ci en expulsa les habitants et la repeupla des bourgeois et des artisans de différentes villes. Cent ménages de Troyes prirent le chemin de l'exil et éprouvèrent toutes les horreurs de la misère.

Pourtant Louis se radoucit sur les derniers jours de sa vie, car il délivra aux Troyens, en 1481, une nouvelle charte d'échevinage et y toléra une imprimerie.

§ V. — TROYES AU BON VIEUX TEMPS.

LA VILLE. — Troyes demeura longtemps à l'état d'île entre deux dérivations de la Seine. Au xe siècle, il n'y avait déjà plus de place pour les nouveaux venus. D'autres centres de population s'étaient formés en dehors des murs. Au prix de grands efforts, les comtes y amenèrent les eaux courantes et limpides de la Seine, par le canal des Trévois. La ville comptait alors vingt-deux églises, la plupart décorées de leurs clochers et de leurs tours, et de grands hôtels qui se dressaient au milieu des maisons basses « comme des grands seigneurs dans un tas de manants. » Partout des ruelles sombres, tortueuses, infectes, mal pavées, des ruisseaux bourbeux, des trappes béantes. L'usage des numéros était encore inconnu. On désignait les maisons par les enseignes qui y pendaient ou les images sculptées au-dessus des portes. Le genre de commerce ou d'industrie suffisait à faire reconnaître les rues. Les pourceaux y vaquaient; les pelletiers battaient leurs peaux près des puits; les bouchers tuaient « leurs bêtes en leurs hôtels », et le sang se répandait dans les ruisseaux, y demeurait et infectait l'air. Les ordures restaient sur la voie publique, et les cimetières, resserrés autour des églises, répandaient dans tout le voisinage une odeur cadavéreuse.

La nuit, l'obscurité était complète. Vers minuit, le clocheteur des trépassés criait : « Réveillez-vous, vous tous qui dormez, priez Dieu pour les trépassés, à qui Dieu veuille pardonner. » Plus encore qu'aujourd'hui, le bois entrait dans la construction des maisons troyennes. Les habitants vivaient sur un bûcher.

La peste dura plusieurs siècles dans la ville et les environs.

Deux grands incendies ruinèrent la ville : le premier, en 1188; le second, en 1524. De pauvres gens qui passaient à Troyes, et dont on ne comprenait pas le langage, furent soupçonnés et jetés au feu. Le malheur rendait impitoyable.

Quelques passe-temps. — Les exécutions publiques étaient nombreuses; on pendait un peu partout; on rouait, on mutilait, on brûlait. Ces spectacles n'étaient pas les moins recherchés. Mais ce qui ravissait nos pères, c'étaient les entrées des grands personnages dans les murs de leur cité. Ces jours-là, les métiers chômaient, les cloches sonnaient à toute volée, la milice municipale se mettait sous les armes; ce n'étaient qu'arcs de triomphe, qu'échafaudages enguirlandés de fleurs.

Les rois de France ne se firent pas faute de visiter une ville si généreuse. Clovis l'avait traversée, Louis II y avait été couronné empereur, Louis X et Charles IV s'y étaient remariés. Ces passages n'avaient pas fait grande impression. Mais, à partir de Charles VI, on avait pu s'approcher des rois, se faire toucher par eux, pour peu qu'on eût les écrouelles. Toutefois, ce qui donnait lieu aux cérémonies les plus curieuses, c'était le joyeux avènement des évêques de Troyes. Ce qui amusait le plus le peuple était la procession des bouchers conduisant à la léproserie de Bréviandes vingt-cinq pourceaux en s'attelant deux à deux à un char. Puis le clergé accompagnait les cérémonies religieuses d'un appareil théâtral et de représentations qui faisaient la joie des petits et des grands. Cet appareil passa de l'église dans la rue ; on joua les *mystères* sur un échafaud à trois étages représentant le Paradis, la Terre et l'Enfer. Les plus graves personnages y figuraient comme acteurs. Le drame se terminait par le triomphe du Christ et la confusion des méchants.

LES HABITANTS. — LE MONDE FÉODAL ; LE CLERGÉ. — Au temps passé, Troyes formait comme deux villes distinctes : le Quartier-Bas, ville du clergé et de la noblesse féodale, et le Quartier-Haut, celle du commerce et de l'industrie. Dans la première abondaient les églises et les édifices seigneuriaux ; dans la seconde, les étaux, les halles, les fabriques. L'immense palais des comtes s'élevait sur l'emplacement actuel du canal ; on y trouvait un véritable monde d'officiers et de domestiques.

Lorsque les comtes et la haute noblesse eurent déserté la ville de Troyes, le premier rang passa au clergé qui, au XVe siècle, était illustre, riche et puissant. Les établissements scolaires étaient placés sous sa direction. Ses membres savaient très bien défendre leurs droits. Pour maintenir leur clientèle et empêcher la concurrence, les chanoines de Saint-Pierre avaient l'habitude, chaque dimanche, après la procession, d'excommunier ceux qui détournaient le public de moudre à leurs moulins.

LE MONDE DU COMMERCE ET DE L'INDUSTRIE. — Aux foires de Troyes, chacun était admis à vendre et à acheter, le noble et le vilain, le clerc et le laïque, le juif et le chrétien. On y voyait des nobles *vivant marchandement*. Beaucoup de Champenois, cadets de noble race, s'étaient faits commerçants. « L'industrie champenoise, dit Michelet, était essentiellement plébéienne. Elle fabriquait du fil, de petites étoffes, des bonnets de cuir. Les nobles, néanmoins, maniaient l'aune aussi bien que la lance et faisaient force politesse au manant et au mécréant. Ainsi commençait peu à peu l'égalité. » Les clercs eux aussi trafiquaient, mais ils n'étaient pas toujours d'humeur très pacifique.

La badauderie et la gourmandise trouvaient leur compte aussi bien qu'aujourd'hui. Les troupes de baladins, les rôtisseurs, les poissonniers, les charcutiers tenaient alors la place de nos marchands de pommes de terre frites et de pain d'épice.

La ville de Troyes était aussi industrielle. Rien n'était plus célèbre, au temps passé, que la tannerie et la draperie troyennes. A côté d'elles venaient la cordonnerie la ganterie, la tissanderie, les papeteries. La bonneterie y faisait alors triste figure. Les bannières des confréries ou corporations étaient fort nombreuses, aux processions générales, mais le travail n'était pas libre. Une foule de statuts et de règlements emprisonnaient en quelque sorte les ouvriers des différents métiers. Les procès étaient fréquents et interminables.

Si les classes laborieuses pouvaient parvenir à l'aisance, beaucoup de commerçants et d'industriels se ruinaient. Le nombre des pauvres atteignit le tiers des habitants de la ville, malgré les mesures de rigueur qui les faisaient traiter comme des êtres malfaisants, presque comme des criminels.

L'ADMINISTRATION. — LA JUSTICE. — En principe, l'autorité souveraine appartenait au comte de Champagne ou au roi de France, son successeur. Mais les anciens souverains s'étaient si bien dépouillés de leur autorité en faveur du clergé, qu'il ne restait à leurs baillis et prévôts que fort peu de justiciables. Les juridictions étaient inégales et ne jouissaient pas des mêmes droits. Quelques-unes ne pouvaient qu'amender les justiciables, ou tout au plus les faire fouetter; d'autres pouvaient bannir, pilorier, mutiler, pendre, etc. En approchant d'une haute justice, on apercevait les fourches patibulaires, les échelles, les piloris. La justice de Notre-Dame possédait des geôles et « des fers à ferrer et à enjamber les prisonniers »; celle de l'évêque avait à ses gages un serrurier « pour souder et ressouder les chaînes des captifs » enfermés dans ses prisons.

Les accusés bénéficiaient souvent des conflits qui s'élevaient entre les juridictions rivales. On les voyait aussi accourir vers les *lieux d'asile*, qui étaient inviolables.

La bourgeoisie. — Pour obtenir des chartes, les roturiers du nord, opprimés par leurs seigneurs, prirent résolument les armes; dans la Champagne méridionale, les gens de serve condition s'élevèrent sans secousse de l'esclavage à la liberté. Henri le Libéral multiplia, dans ses domaines, les *villeneuves*. Les habitants ne payaient plus qu'une fois l'an, à leur seigneur, une taxe déterminée. S'ils commettaient quelque délit, ils en étaient quittes pour une amende légalement fixée ; les charges du service militaire pesaient moins lourdement sur eux, et ils avaient même des officiers municipaux pour l'administration de leurs affaires communales. Au temps passé, le maire et les échevins avaient, outre leurs attributions administratives, des fonctions quelque peu judiciaires et militaires. Ils pouvaient condamner à l'amende ou même à la prison, et avaient la garde et la sûreté de la ville.

La milice bourgeoise. — Les Troyens aimaient mieux faire la police de leur ville et monter la garde sur leurs remparts que recevoir chez eux des hôtes aussi dangereux que les soldats royaux. Les bourgeois, ou *hommes de fer*, s'achetaient une cuirasse, un casque, une lance et une épée. Les *hommes de pourpoint* comprenaient les gens du peuple, presque tous vêtus de toile, de laine ou de cuir, et armés de bâtons ou de maillets de fer. A l'origine, les membres du clergé devaient le service militaire comme les autres habitants. Il n'y avait pas d'uniformité dans le costume et l'armement. On y voyait des habits de toutes les couleurs et des armes de tous les âges.

La milice a rendu de réels services. Elle hâtait les secours en cas d'incendie, arrêtait les perturbateurs dans les émeutes et faisait bien son devoir en temps de guerre. Un corps d'élite, la *Compagnie de l'Arquebuse*, avait le pas sur la milice bourgeoise : il ne disparut qu'à la Révolution.

Cependant la royauté n'avait pas abdiqué toute autorité sur la ville. Elle était représentée par ses officiers : le vicomte, le prévôt, le bailli, le lieutenant général au bailliage. Les *cas royaux* étaient nombreux, et la cour des *Grands Jours* se tint à Troyes depuis Philippe le Bel. Les anciennes justices féodales faisaient pitié à côté de cet appareil de puissance. Les juges féodaux jugeaient en plein air, au coin d'une rue, et tout justiciable leur était bon. A défaut d'hommes, on jugeait les bêtes.

§ VI. — Le XVIe siècle.

Règnes bienfaisants de Charles VIII et de Louis XII. — Après le dénouement du grand drame joué par Louis XI et Charles le Téméraire, notre contrée connut la sécurité et devint prospère. Les mesures prises contre Arras furent rapportées, et les malheureux Champenois qui n'avaient pas succombé à la faim ou à la maladie purent enfin revoir leur patrie.

Lorsque après nos grands revers en Italie (1512-1513) on eut peur d'une invasion des Allemands et des Suisses en Champagne, chacun fit assaut de générosité et de patriotisme. A Troyes, chaque corps de métier fournit une pièce de canon. On dépendit la grosse cloche du beffroi, la *Grosse-Marie*, l'une des gloires de la cité, pour la convertir en artillerie. Louis XII venait d'arrêter l'ennemi lorsqu'il mourut (1515).

Sous François Ier. — Ce roi courba le clergé français sous sa main en obtenant du pape Léon X le droit de nomination à toutes les dignités ecclésiastiques. En 1518, il désigna un évêque à Troyes ; les chanoines durent s'incliner devant son bon plaisir. Il mit les plus riches abbayes en garde ou administration provisoire de titulaires qui n'étaient pas tenus d'embrasser la vie religieuse ni de résider dans leurs abbayes. Elles devinrent alors la récompense des gens de cour, des artistes et des hommes de lettres. La bourgeoisie fut écrasée d'impôts, et à plusieurs reprises la ville de Troyes dut se mettre en garde contre les Impériaux.

La Renaissance en Champagne. — Les Beaux-Arts. — Avant que l'influence italienne se fit sentir, la ville de Troyes avait fait jeter les fondements de sa cathédrale et construire l'admirable jubé de l'église Sainte-Madeleine. Ses tailleurs d'images avaient su produire aussi des œuvres remarquables. Les peintres troyens n'arrivèrent pas, dans leur art, à la même perfection. Ce fut peut-être l'art si champenois de la peinture sur verre qui empêcha le développement de la peinture sur bois et sur toile. A toutes les époques, Troyes compta des peintres verriers fort distingués. Le plus célèbre fut Linard Gonthier.

L'art italien fut apporté à Troyes par Dominique-le-Barbier, ou Dominique Florentin. Il réussit mieux en sculpture qu'en architecture. Parmi les sculpteurs troyens qui se sont inspirés de sa manière, tout en conservant leur physionomie champenoise, il faut citer l'illustre François Gentil, qui peupla de ses ouvrages la plupart des églises de la ville et fut le digne précurseur de Girardon et de Simart.

La Littérature. — La ville de Troyes possédait d'importantes fabriques de papier. Elle eut aussi des imprimeurs célèbres : les Lerouge, les Lecoq, les Oudot. L'imprimerie multiplia les chefs-d'œuvre de l'antiquité. Aussi, la littérature nationale fut-elle négligée pour l'étude du grec et du latin. Parmi les Champenois qui s'y adonnèrent, on peut citer Bourbon de Vendeuvre, Louis et Guillaume Budé.

Quelques-uns, cependant, auraient voulu faire passer toutes les beautés de l'antiquité dans cette pauvre langue française, jusqu'alors si délaissée. Amadis Jamyn, de Chaource, fit partie de la pléiade de Ronsard; Passerat fut le malin disciple de nos vieux poètes gaulois. La plupart des vers de la *Satire Ménippée* sont de lui. On cite ce quatrain :

> Mais dites-moi que signifie
> Que les Ligueurs ont double croix ?
> C'est qu'en la Ligue on crucifie
> Jésus-Christ encore une fois.

Le chanoine Larrivey, de Troyes, est l'un des meilleurs auteurs comiques que l'on connaisse avant Molière.

Bien au-dessus de Larivey, d'Amadis Jamyn, de Passerat lui-même, se place, à la tête des célébrités troyennes, l'illustre Pierre Pithou (1539-1596), qui donna le coup de grâce aux Ligueurs par sa harangue de d'Aubray, dans la *Satire Ménippée*.

§ VII. — LA RÉFORME EN CHAMPAGNE

SES DÉBUTS. — La Champagne reçut de bonne heure les nouvelles doctrines. Les nombreuses imprimeries multipliaient les livres que les colporteurs semaient le long des chemins. C'était pourtant une mission bien terrible ; lorsqu'on les prenait, ils étaient brûlés vifs. Malgré de cruelles exécutions, les idées nouvelles se répandirent rapidement dans la contrée d'Othe et pénétrèrent à Troyes où la rue Moyenne fut appelée Petite-Genève. Des scènes ridicules eurent lieu devant la Belle-Croix, près de l'hôtel-de-ville.

ABJURATION DE L'ÉVÊQUE CARACCIOLI. — Le nombre des protestants était devenu si grand qu'ils avaient trois pasteurs dans la ville, lorsque l'évêque de Troyes, Caraccioli, neveu du pape Paul IV, abjura le catholicisme et se fit reconnaître pasteur de l'église réformée. Cette abjuration n'eut cependant pas les conséquences qu'en avait attendues l'ancien évêque.

Le 1er mars 1562 eut lieu le massacre de Vassy. Dans notre pays, le prêche de Bérulles fut détruit.

LES GUERRES CIVILES ET LA SAINT-BARTHÉLEMY. — Ce fut le signal de la guerre. Troyes, ville de travail et de commerce, voulut d'abord rester en dehors de la lutte. Les Guises y jetèrent le trouble en se servant du gouverneur de la Champagne, duc de Nevers, et de son lieutenant, Des Bordes. Une compagnie de trois cents hommes, créée par ce dernier, fit une première visite à la Petite-Genève, pilla les maisons et maltraita les habitants (3 août). Les perquisitions et les violences se continuèrent les jours suivants. Un certain nombre de réformés troyens se réfugièrent à Bar-sur-Seine, et, dès qu'ils se sentirent en force, se vengèrent sur les catholiques des persécutions qu'ils avaient endurées à Troyes. Des Bordes vint assaillir la place avec du canon. La ville n'avait que de mauvais remparts; elle fut bientôt emportée et cent soixante personnes périrent.

Pendant ce temps, on se battait avec acharnement dans la contrée d'Othe, dans les environs de Nogent et de Bar-sur-Seine. Le procureur du roi, Rallet, fit mettre à mort, pour hérésie, son fils âgé de dix-sept ans. Les protestants revinrent à la charge et pendirent le procureur aux barreaux des fenêtres de sa maison.

Catherine de Médicis et son fils Charles IX vinrent à Troyes le 23 mars 1564. Le roi y signa un traité d'après lequel Élisabeth, reine d'Angleterre, renonçait pour jamais à Calais (11 avril 1564). Cinq jours après, il quittait la ville en recommandant la pacification. Malheureusement, la paix d'Amboise irritait les catholiques, et les réformés regardaient comme insuffisant de restreindre leur religion à une ville par bailliage. Le prêche autorisé pour le bailliage de Troyes était Céant-en-Othe (aujourd'hui Bérulles), l'un des points extrêmes de la circonscription.

La guerre civile éclata de nouveau en 1567 et fut sans pitié dans la région de la Haute-Seine. Condé et le roi de Navarre, devenus les chefs du parti protestant, avaient rassemblé leurs troupes sur les frontières de notre province, et, trop faibles pour tenter seuls les hasards d'une campagne, furent secourus par l'étranger. Le prince allemand, Jean-Casimir, vint les joindre à la tête de quinze à vingt mille hommes, connus sous le nom de *reitres* (cavaliers mercenaires) et de *lansquenets* (serviteurs du pays). Les environs de Sens, de Troyes, de Châlons-sur-Marne et de Langres eurent beaucoup à souffrir de leur passage.

Charles IX, pour débarrasser le pays des Allemands, avait promis de payer à Jean-Casimir plus d'un million de livres tournois. Les Troyens jouissaient d'une excellente réputation de commerçants : ils servirent de caution au roi.

En s'en retournant dans leur pays, les Allemands parurent dans les environs de Troyes, conduits par le terrible Mansfeld, dit Mâchefer, qui mangeait, assurait-on, tous les jours, à son déjeuner, une salade de clous de charrette.

La paix de Saint-Germain fit rentrer dans leurs foyers les réformés de Troyes. Un calme apparent régna en 1571. L'année suivante, un prêche ouvert à Isle-Aumont amena quelques désordres. La Saint-Barthélemy ne fut connue à Troyes que deux jours après le massacre. Les protestants épouvantés voulurent s'enfuir. Il n'était plus temps ; les portes étaient fermées. A la fin du mois d'août, le bailli, Anne de de Vaudrey, ordonna à l'ancienne compagnie des *Trois cents* des perquisitions et des arrestations.

Le 3 septembre arriva de Paris à Troyes Pierre Belin, riche marchand qui avait été envoyé à la cour par les catholiques pour l'affaire du prêche de l'Isle. Il portait un ordre écrit du roi pour empêcher toute exécution. Au lieu d'en faire usage, il s'entendit avec le bailli et quelques fanatiques : le massacre des protestants fut résolu. Le bourreau Charles, invité par le bailli à mettre à mort les huguenots renfermés dans les prisons, refusa net, en disant « qu'il n'était pas dans son office d'exécuter aucuns sans qu'il y eût sentence de condamnation. » Anne de Vaudrey mit l'épée sous la gorge à un certain Perrenet, homme connu pour ses violences, afin qu'il se chargeât de l'infâme besogne. Le misérable, épouvanté, lui assura que dans une heure tout serait fini. Il s'enivra et donna le signal du massacre. Un tonnelier, nommé Carlot, égorgea, à lui seul, une trentaine de prisonniers. Les victimes furent jetées pêle-mêle dans une fosse (4 septembre 1572). Pendant ce temps, une compagnie d'égorgeurs battait les environs. La cour approuva, par son silence, cet horrible forfait, et Belin devint, par la suite, maire de Troyes.

Les réformés quittèrent la province, prirent les routes de Sedan, d'Allemagne et de Genève, les hommes ayant de grandes croix sur leurs chapeaux, pour qu'on ne leur fit pas de mal; les femmes, des chapelets dans les mains.

Le parti protestant ne put se refaire. Il survécut toutefois dans la contrée d'Othe, notamment à Saint-Mards. La révocation de l'Edit de Nantes (1685) dispersa les derniers réformés de la Champagne troyenne.

Après la paix de Beaulieu, les reitres, qui ne voulaient pas quitter la France avant d'être payés, séjournèrent en Champagne, et y commirent les plus grands dégâts, vidant les étables, détruisant les récoltes, jetant à l'eau les habitants, vivants ou morts. Bien souvent on vit la Seine et l'Aube charrier des corps flottants, les uns isolés, les autres attachés à des perches.

Des brigands s'étaient organisés en grosses bandes pour piller le pays. La famine était horrible. On se jetait dans les champs, sur les épis à demi-mûrs. Dans les villes accouraient des mendiants décharnés qui restaient en chemise en plein hiver.

§ VIII. — LA LIGUE A TROYES.

DÉBUTS DE LA LIGUE. — Sous prétexte de sauver la vraie religion, la sainte Ligue avait pour but éloigné de ménager au jeune duc de Guise l'accès au trône de France. Tout d'abord, elle fit peu de progrès dans notre contrée. Les Troyens « soupçonnaient là-dessous quelque machine ». Le duc vint lui-même à Troyes et ne fut pas plus heureux que ses agents.

La paix de Bergerac (septembre 1577) n'étant pas faite pour la Champagne, un corps de l'armée royale campa aux portes de Troyes. Les cadavres d'hommes et d'animaux enterrés près de saint André y causèrent une véritable peste.

Dans la saison suivante, ce fut bien pis. Monsieur, frère du roi, fit traverser la Champagne à ses troupes, pour aller secourir les Flamands révoltés contre le roi d'Espagne. Elles commirent de si grands ravages que partout on sonnait le tocsin sur leur passage, comme si la foudre ou la grêle se fût abattue sur le pays. De nombreux vagabonds restèrent dans notre contrée et y reconstituèrent les affreuses compagnies du quatorzième siècle. Il n'était bruit que de marchands pillés ou égorgés, de châteaux et de villages incendiés.

Le duc François de Valois, frère de Henri III, étant mort sans postérité, Henri de Bourbon devenait l'héritier de la couronne. Aussi la Ligue se réveilla plus vivace que jamais et se répandit dans les provinces. Le duc de Guise, gouverneur de Champagne, vint à Troyes avec ses frères, le duc de Mayenne et le cardinal, et tenta d'amener les Troyens dans son parti, à force de patience et de caresses. Son prestige grandit encore après ses victoires de Vimory et d'Auneau sur les Allemands. Malgré tout, il échoua. La bourgeoisie, craignant une nouvelle Saint-Barthélemy, était pour le roi. Les portes de la ville furent fermées aux Guises et à leurs amis.

SURPRISE DE TROYES PAR LE CARDINAL DE GUISE. — Le duc de Guise avait cependant de nombreux partisans à Troyes. Après une tentative infructueuse pour entrer en ville, le cardinal réussit à franchir le pont-levis, et à s'installer au palais épiscopal (10 juin 1588). Il y commanda en maître; les magistrats consternés n'osaient rien faire. Il chassa les suspects et fit, aux dépens de la ville, toutes sortes de générosités aux habitants. Puis, voyant la ville gagnée à sa cause, il alla rejoindre le duc son frère. — Le 26 décembre, les Troyens apprenaient l'assassinat des deux princes, à Blois.

LA LIGUE ARME CONTRE LE ROI. — En apprenant le meurtre de ses frères, le duc de Mayenne se hâta de venir de Lyon à Troyes (20 janvier 1589), où il fit son entrée devant les habitants « tous en deuil, et les chevaux harnachés de noir. » Le 25, on prêta serment à la Ligue; ceux qui s'y refusèrent furent chassés. Henri IV avait été proclamé roi après l'assassinat de Henri III; la guerre civile recommença aussitôt.

Un des lieutenants de Mayenne, croyant déjà le roi sous les murs de Troyes, fit détruire les bâtiments à trois cents pas des remparts, pour mettre la ville en défense. Les suspects devinrent si nombreux que les prisons de la ville ne suffirent plus à les loger. Les chefs de la Ligue et le clergé excitaient par tous les moyens le peuple à combattre le Navarrais. Les royalistes éprouvèrent un échec à Montiéramey (1590); ils perdirent plusieurs places, notamment Saint-Liébault (Estissac), dont la garnison fut mise à mort avec les femmes et les enfants. Plusieurs tentatives faites pour s'emparer de Troyes par surprise échouèrent.

Le 17 septembre 1590, sur les trois heures du matin, trois à quatre mille royalistes, guidés par des émigrés troyens, entrèrent dans la ville par une brèche réparée en planches et s'emparèrent du Quartier-Bas. Ils crurent la ville gagnée. Mais l'alarme fut donnée dans le Quartier-Haut, et les soldats, ayant perdu du temps, furent chassés vers la porte Saint-Jacques, laissant huit cents des leurs sur le terrain. Pour se venger de la peur qu'elle avait eue, la populace égorgea trente-sept détenus dans les prisons et massacra également dans les maisons particulières.

Décadence de la Ligue. — Ce fut le dernier grand succès de la Ligue en Champagne, car presque aussitôt les royalistes reprirent leur revanche. De 1591 à 1592, ils enlevèrent Nogent, Bar-sur-Seine et une foule de places importantes. Malgré le serment prêté à Mayenne, les Troyens n'étaient pas très dévoués à une cause qui les avait ruinés. Les déclamations des prédicateurs, la peur de l'exil, de la prison, de la confiscation en avaient fait des ligueurs; la misère en fit des politiques. Aux premiers succès de l'armée royale, la bourgeoisie leva la tête et refusa l'entretien des troupes de Mayenne. « La Ligue, dit Michelet, se fondait, se perdait, venait à rien. » Bientôt elle ne compta plus que les chefs, occupés à regarder par quelle porte ils sortiraient. Une partie du clergé surtout n'était pas rassurée. Le 29 mars 1694, le bruit courut dans Troyes que Paris venait d'ouvrir ses portes au roi « recatholiqué ». Dès lors, c'en fut fait de la Ligue.

Troyes se rend a Henri IV. — Dès les premiers jours d'avril, le maréchal Biron arrivait à Torvilliers avec un gros corps de troupes. Le 5 du même mois, un héraut d'armes se présenta à la porte Saint-Jacques, porteur de lettres dans lesquelles Henri de Navarre invitait les autorités à le reconnaître comme roi de France. Le premier échevin l'introduisit dans les murs et le conduisit à l'hôtel-de-ville. Une grande assemblée, convoquée par le maire de Troyes et composée des échevins, des membres du clergé et de la justice, décida de faire porter au roi la soumission de la ville. Quand le public connut cette décision, il manifesta bruyamment sa joie. Des femmes faisaient toucher par leurs enfants les fleurs de lys de la casaque du héraut d'armes. Un *Te Deum* fut chanté à la cathédrale.

Tous les gens qui devaient à la Ligue leur situation furent révoqués. Bar-sur-Aube se rendit le 8 avril. Le capitaine Verdun, qui occupait le château de Bar-sur-Seine, refusa deux mille écus pour prix de sa capitulation. Après une canonnade de quelques jours, il dut évacuer la place sans indemnité (janvier 1595). Il fallut agir de même avec les capitaines de bandes renfermés dans les châteaux de la contrée. Pas une bicoque, pas une tourelle ne capitula gratis.

§ IX. — RUINE DES LIBERTÉS MUNICIPALES.

HENRI IV. — Le roi s'arrogea le droit de choisir le maire de Troyes sur une liste de trois candidats; la ville perdit l'administration de la voirie extérieure et les assemblées populaires ne furent plus consultées. Les usurpations de la royauté n'empêchèrent pas les Troyens de recevoir Henri IV avec enthousiasme, le 30 mai 1595. La ville avait besoin de paix et de protection.

GUERRE DES SEIGNEURS. — La mort de Henri IV arrêta un moment la marche ascendante de l'autorité royale. En 1614, le duc de Nevers, gouverneur de Champagne, prit parti pour Condé, révolté contre la régente Marie de Médicis et son favori Concini. Il ne trouva pas de partisans. On savait trop bien « comment ces gens-là traitaient leurs amis. » La paix de Sainte-Menehould désarma les Grands et les derniers États-Généraux avant ceux de 1789, ceux de 1614, se réunirent. Les cahiers des bailliages renferment des détails navrants sur la situation de la Champagne méridionale. La monarchie était loin d'avoir réalisé le vœu menteur de la poule au pot. Robert Miron fit entendre aux États quelques paroles prophétiques, mais ils se séparèrent sans résultat.

En 1615, Condé reprit les armes en Champagne. On se battit aux environs de Troyes, à Pouan, à Herbisse, à Méry, à Vendeuvre, à Rosnay, etc. En 1619, nouvelle guerre de la reine-mère contre son fils. Enfin, en 1624, Richelieu arrive aux affaires.

RICHELIEU. — Une seule province nous séparait de la terre de désolation du Palatinat : la Lorraine. Les troupes qui se dirigeaient de ce côté pillaient pour vivre, levaient des contributions, battaient le paysan. Les communications étaient interrompues; la famine et la peste s'abattaient périodiquement sur le pays. Les villages devenaient déserts. Troyes était abandonné par le tiers de ses habitants. La guerre se fit ainsi jusqu'à la mort de Richelieu (1642), jusqu'aux traités de Westphalie (1648). Ce ministère fut, comme on l'a dit, la dictature du désespoir.

En 1625, le peuple de Troyes se soulève à trois reprises : il n'a plus de pain. En 1627, nouvelle émeute dirigée surtout contre les *gabeleurs*. La maison du financier du roi et de la ville, chargé de la vente du sel, fut saccagée. Comme d'usage, quelques bourgeois furent bannis, d'autres mis à mort.

UN INTENDANT. — C'est Laffemas qui servit, en Champagne, la politique du terrible cardinal. Incapable d'aucun sentiment de pitié, il allait, comme son maître, droit devant lui. Dans ses jours de bonne humeur, il ne trouvait rien de mieux à dire, en se frottant les mains : « Qu'il ferait bon pendre, aujourd'hui ! » En 1632, la peste fit de grands ravages à Troyes. « Que les pestiférés, dit Laffemas, soient enfermés, et si on en rencontre un seul dehors, qu'on tire dessus. »

LE LOGEMENT DES GENS DE GUERRE. — Pour concentrer son pouvoir, Richelieu restreignit aussi les libertés provinciales. Troyes jouissait du privilège de ne pas loger de soldats royaux et gardait elle-même ses murailles. Pour changer cet état de choses, jugé dangereux, Richelieu s'y prit par des voies détournées. Il imposa des taxes si élevées que la ville fut impuissante à remplir ses engagements. Alors le gouvernement lui imposa le logement des gens de guerre. Les habitants refusèrent de les recevoir. Mais les soldats bloquèrent la ville et l'obligèrent à capituler. Puis on perdit un autre privilège : les clés des portes de la ville, qui étaient apportées au maire chaque soir, furent remises à l'autorité militaire.

L'Enseignement. — Pendant près d'un siècle, les Jésuites essayèrent vainement de s'introduire à Troyes pour y diriger l'enseignement secondaire. On préféra les Oratoriens, leurs rivaux.

§ X. — Le règne de Louis XIV en Champagne.

La Fronde. — Le règne de Louis XIV s'ouvrit par la victoire de Rocroy (1643), remportée par le grand Condé à la tête de l'armée de Champagne.

Les hostilités de la Fronde commencèrent en Champagne dès 1649. Ce fut une guerre exécrable, acharnée sur les faibles. On se battit peu, mais les soldats prirent tout, mirent le feu aux villages, donnèrent la chasse aux paysans ou les jetèrent à l'eau. Toute culture disparut.

Sous le règne de Louis XIV. — A défaut de pain, la ville de Troyes vécut de prières publiques, de *Te Deum*, d'illuminations, de feux de joie, de pompeux défilés. Le roi-soleil tenait la main à ce qu'on se réjouit de tout ce qui pouvait lui arriver d'heureux, de l'héritier qui venait de lui naître, des victoires de ses généraux, des traités de paix qu'il avait bien voulu conclure.

Les questions de préséance étaient interminables, à cette époque, entre le clergé, le corps judiciaire, l'échevinage et les chefs de l'armée. Pour ce motif, le sang coula dans la cathédrale au service funèbre de Louis XIII.

La Garnison. — Le soldat français n'avait pas la férocité et la rapacité du soudard allemand, mais il se livrait à des « goguenarderies » dont se seraient bien passés nos pères. Les officiers riaient de ses malices. Les soldats! C'était le grand moyen de l'autorité, l'épouvantail par excellence.

Les fortifications de Troyes tombant en ruines, personne n'osa parler de les réparer. Plusieurs portes furent abattues, crainte d'accident. A la fin du règne, Troyes n'était plus une place défendable.

Ce que devint l'ancienne charte. — Henri IV s'était permis de choisir le maire, Louis XIV vendit la mairie. « Chaque fois que le roi créait une charge, Dieu créait un sot pour l'acheter. » D'après cette maxime, le gouvernement battit monnaie avec les charges jusque-là électives et les multiplia à profusion. Parfois la ville rachetait ces offices, mais il lui fallait sans cesse recommencer, car la royauté créait, reprenait et revendait encore.

Un grand ministre champenois. — En 1662, le roi, sur le conseil de Colbert, ordonna la vérification des dettes des villes : celle de Troyes bénéficia de cette mesure. En 1664, un édit révoqua les lettres de noblesse achetées ou vendues depuis 1634. Une foule de gens exemptés des redevances redevinrent contribuables, à la grande joie de leurs voisins surchargés d'impôts. Puis vint le tour des vrais nobles qui avaient inventé de nouveaux droits féodaux. On s'étonne pourtant que Colbert n'ait doté d'aucune industrie nouvelle la ville de Troyes où il avait des parents et où il paraît avoir passé une partie de son enfance.

Ce grand ministre tenta de rendre navigables la Seine et l'Aube. Les habitants poussèrent de grands cris. Rendre les rivières navigables c'était, selon le peuple, permettre aux denrées du pays, déjà si chères, de s'écouler vers Paris. Cependant, des travaux furent entrepris, et, en 1702, on put aller de Troyes à Paris par la Seine. Ce fleuve redevint impraticable en 1709.

On a reproché à Colbert son système de protection et de prohibition à outrance.

La révocation de l'édit de Nantes. — En 1685, Troyes et ses environs comptaient un certain nombre de protestants. Ils furent contraints d'abjurer ou de s'enfuir. La persécution fut même très violente dans la contrée d'Othe.

Louis XIV rétablit les foires en 1698, mais elles ne ramenèrent pas la prospérité dans la ville.

Fin du grand règne. — Les sources nourricières de la France étaient taries. A Troyes, l'impôt revêtit toutes les formes, frappa à toutes les portes. On altéra les monnaies, on frappa d'impôt l'eau des rivières, même l'eau de la pluie. Quant au commerce et à l'industrie, tout était matière à impôt : les métiers, la fabrication, les transports, la vente. Un sou de vin se vendait vingt sous, au détail, taxes comprises. Les droits de passage furent doublés : c'était tuer le commerce. Les commerçants et les artisans, découragés, cessèrent de travailler, les denrées pourrirent sur place, les métiers chômèrent. Une ruine générale frappa le pays. « La France, dit Michelet, avait l'air d'une mendiante. »

La situation du paysan fut encore plus dure que celle de l'artisan des villes. Quand il eut peine à payer sa taille, on vendit ses bœufs, sa terre. Les villages dépérirent, les bestiaux disparurent. La terre jeûna aussi bien que l'homme et la famine s'abattit sur notre patrie. Elle fit de grands ravages en Champagne. L'année 1693 fut appelée celle du *cher temps* et celle de 1709 fut la plus désastreuse de toutes. Au moment des semailles, on ne savait plus où trouver du grain. Aucune terre ne fut emblavée entre Troyes et Nogent.

§ XI. — LES LETTRES ET LES ARTS EN CHAMPAGNE SOUS LOUIS XIV.

Les Arts. — Louis XIV a concentré autour de son trône les grands génies de son époque. Les grands talents, les grandes renommées ont été enlevés aux provinces et fixés à Versailles. L'état de délabrement de certaines églises de campagne était si grave qu'on n'osait plus y célébrer la messe. Même misère dans les villes. A Troyes, le vieux palais des comtes tombait en ruines, faute de réparations.

Le dix-septième siècle fut, à Troyes, une époque fertile en peintres. Le plus remarquable fut assurément Pierre Mignard, dit le Romain (1612-1695), qui fit le portrait des grands seigneurs de son temps. L'affectation, l'excès de recherche fut son défaut, et s'appela *mignardise*; il n'est sensible que dans un petit nombre de ses tableaux. Son frère, Mignard, dit d'Avignon, eut aussi un beau talent. On peut citer encore Jacques Baudesson, peintre de fleurs, et Jacques Carrey, l'un des meilleurs élèves de Le Brun.

L'auteur du mausolée de Richelieu, le sculpteur Girardon, est une gloire incontestée de Troyes. Jamais il n'oublia ses compatriotes, que Mignard regardait trop volontiers « du haut de ses dentelles ». Il venait se reposer au milieu d'eux et travailla gratuitement pour leur compte.

Le nombre des littérateurs est bien modeste. Citons l'oratorien Nicolas Bourbon le jeune, de Bar-sur-Aube, membre de l'Académie française; Edme Boursault, né à Mussy-l'Evêque (Mussy-sur-Seine); Eustache Le Noble, et Boutard, de Troyes, qui prit le nom de poète des Bourbons.

§ XII. — LES DERNIERS JOURS DE L'ANCIEN RÉGIME.

LE JANSÉNISME. — Au dix-septième siècle, l'histoire de notre province ne présente rien de saillant. Les événements de cette période sont les luttes du jansénisme et de la magistrature contre l'autorité royale.

L'évêque d'Ypres (Flandre belge), Jansénius, avait composé un livre sur la grâce, intitulé *Augustinus*. Attaqué par les Jésuites, ce livre fut condamné par le pape et suscita de longues querelles. Pascal en prit la défense par ses *Lettres provinciales*, et Bossuet affirma, dans la fameuse déclaration de 1682, que l'autorité des papes était subordonnée aux décisions des conciles.

En 1716, le neveu du grand évêque, portant le même nom que l'*Aigle de Meaux*, fut nommé évêque de Troyes. Sous son épiscopat, le jansénisme fit de rapides progrès dans le diocèse. C'est là que se réfugiaient les prêtres jansénistes persécutés dans les autres diocèses.

Mais l'évêque de Troyes, Bossuet, âgé de 81 ans, résigna ses fonctions épiscopales en 1742, et eut pour successeur Mathias Poncet, ennemi déclaré des jansénistes. Celui-ci ne tarda pas à prendre des mesures de rigueur; le diocèse fut consterné. Exilé à Méry-sur-Seine, puis à Murbach, en Alsace, le fougueux prélat lança des lettres pastorales auxquelles le Parlement riposta par des arrêts. Louis XV, fort ennuyé de cette lutte interminable, annula les arrêts et sentences, et, pour rétablir la paix dans le diocèse, força Mathias Poncet à se démettre de son bel évêché de Troyes.

La Magistrature. — Pendant toute cette lutte, le Parlement se trouva à la tête de l'opposition. C'était un corps fort redoutable, au temps passé, que la magistrature. A Troyes, elle était très puissante et très honorée, car elle se recrutait dans les meilleures familles de la localité. Le bailliage et le siège présidial étaient surnommés le *Petit Parlement*. Ils furent supprimés en 1771, pour cause d'opposition, et rétablis à l'avènement de Louis XVI.

Le Parlement de Paris a Troyes. — Le 16 août 1787, le Parlement de Paris, transféré à Troyes, recevait dans cette ville un accueil enthousiaste. Le cours de la justice n'était pas suspendu; les magistrats devaient remplir leurs fonctions comme s'ils eussent été à Paris. Le bailliage leur céda ses salles d'audience de l'ancien palais des comtes, vieil édifice délabré. Mais les prisons n'étaient pas suffisantes pour recevoir les accusés; et, lorsque l'huissier appelait les causes, personne ne se présentait. Le Parlement était réduit à écouter les harangues dont on fatiguait ses oreilles. Les différents corps constitués de la ville donnèrent aux conseillers les appellations les plus pompeuses : « Généreux défenseurs des peuples, dieux tutélaires de la nation, etc. » Ce n'était chaque jour que fêtes, soirées et festins.

Cependant, les conseillers finirent par trouver bien monotone le séjour d'une ville de province; ils craignaient surtout de passer leurs vacances à Troyes. Le premier président eut une entrevue avec le ministre Brienne, qui consentit, après entente, à faire signer les lettres de rappel. Le départ des magistrats fut salué par des acclamations. La plupart des conseillers se dirigèrent vers leurs terres pour y passer l'automne.

Les parlements n'étaient populaires qu'à cause de l'impopularité du gouvernement. Ils avaient résisté à l'autorité absolue des rois et demandé la convocation des Etats-Généraux. Mais quand, pour conserver leurs privilèges, ils s'opposèrent au doublement du tiers, et demandèrent qu'il continuât d'entendre le roi à genoux, le pays se détourna d'eux, avec raison.

§ XIII. — L'ADMINISTRATION PROVINCIALE EN 1789.

LE CLERGÉ. — L'évêché de Troyes n'avait pas la même étendue qu'aujourd'hui. La plupart des abbayes étaient en *commende*, c'est-à-dire que les abbés titulaires en touchaient les revenus sans remplir de fonctions ecclésiastiques.

Le clergé français ne payait pas la taille; il ne devait que les *dons gratuits*, votés tous les cinq ans, bien qu'il possédât un bon tiers du sol. La répartition de ses biens était d'une inégalité choquante. Tandis que l'abbé de Clairvaux disposait de trois à quatre cent mille livres de rente, et ne sortait qu'en voiture à quatre chevaux, de pauvres desservants, en Champagne, mouraient presque de faim. Les dîmes étaient perçues, d'ordinaire, par quelque gros décimateur qui ne résidait pas dans la cure. Le pauvre prêtre ne touchait que la *portion congrue*.

Malgré sa misère, le curé occupait, dans le village, une place importante. C'était lui qui tenait les registres de l'état civil, recevait les testaments, et qui, au prône, faisait connaître aux assistants les ordres et les avis de l'administration. Il était estimé des habitants des campagnes, et on vit, en 1789, ses députés fraterniser les premiers avec ceux du Tiers-Etat.

Les officialités, ou tribunaux ecclésiastiques, avaient des attributions beaucoup moins étendues qu'au moyen âge.

L'ADMINISTRATION JUDICIAIRE. — Il y avait 13 parlements qui comprenaient 829 *présidiaux* et *bailliages*. Les parlements prononçaient souverainement au civil et au criminel. Leurs ressorts étaient très inégaux; celui de Paris couvrait les deux cinquièmes de la France.

Le bailliage et siège présidial de Troyes ressortissait au parlement de Paris. Il y avait un bailliage particulier à Bar-sur-Seine.

LE GOUVERNEUR ET L'INTENDANT. — Les gouverneurs de provinces centralisaient entre leurs mains tous les pouvoirs. A la faveur des guerres civiles, la plupart d'entre eux s'étaient rendus indépendants, et il fallut l'énergie de Richelieu pour les réduire à néant.

L'étendue des pays soumis à l'autorité de l'intendant se nommait *généralité*. C'était, à l'origine, une circonscription financière. Les intendants touchaient à tous les services; c'étaient, en quelque sorte, les préfets de l'ancienne monarchie.

LES IMPOTS. — L'impôt le plus lourd était la *taille* que des habitants du village, élus par leurs concitoyens et nommés *collecteurs*, étaient chargés de percevoir. Si les habitants ne payaient pas, c'étaient les collecteurs qu'on emprisonnait le plus souvent. La taille était un impôt roturier; il n'atteignait pas les nobles. L'impôt le plus impopulaire était la *gabelle*. Quelques-uns de ces impôts étaient *affermés* et les fermiers exigeaient souvent plus que ce qui était légalement dû.

La *corvée* était une des institutions les plus odieuses de la féodalité.

LA MILICE. — Louis XIV confia la garde des places fortes aux milices provinciales; ce service obligatoire pesa sur le peuple. Chaque communauté devait élire et équiper son milicien.

Vers 1771, le nom de milice fut remplacé par celui de *régiments provinciaux*. La Champagne eut alors deux régiments, ceux de Troyes et de Châlons. Les grades étaient réservés aux nobles.

LA POLICE. — Sous ce nom général, on comprenait une foule de services surveillés par l'intendant : les affaires ecclésiastiques, l'instruction publique, la presse, les postes, les lettres de cachet, la répression des crimes, etc.

Les écoles primaires étaient assez nombreuses;

presque toutes les paroisses en possédaient une, dirigée par un recteur autorisé par l'évêque ou son délégué.

Les incendies étaient fréquents et plus terribles qu'aujourd'hui. Les intendants défendaient l'usage des toitures en paille et les évêques autorisaient les incendiés à quêter dans les églises.

Il n'y avait, par semaine, qu'un départ de voiture publique de Troyes pour Paris, et il fallait retenir ses places plusieurs jours à l'avance.

La maréchaussée faisait le service des grandes routes. Elle enfermait les prisonniers dans de vieilles tours ou d'anciens restes de châteaux féodaux d'où ils sortaient malades. Les prisons royales n'étaient guère meilleures. On y entassait les détenus sur la paille. Les prisonniers étaient rançonnés par les geôliers. La population des prisons se composait en grande majorité de mendiants.

L'INDUSTRIE. — Pendant longtemps on ne porta que des bas d'étoffe. Les premiers fabricants de bas au métier ont été les pauvres des hôpitaux de Troyes. Vers 1773, Arcis dut sa prospérité à une manufacture de bas. Bientôt les pauvres ne suffirent plus pour faire mouvoir toutes les machines. Des ouvriers du dehors s'établirent à leur compte.

La bonneterie, la tissanderie et la filature étaient les grandes industries de la ville de Troyes. Une bonne fileuse au rouet gagnait deux ou trois sous par jour.

Les tanneurs avaient émigré ; les draperies se soutenaient encore ; les papeteries étaient tombées à deux.

AGRICULTURE. — La situation n'était guère plus brillante que celle du commerce et de l'industrie. Les grands propriétaires étaient à la cour; la moitié des terres restait en friche. Toutefois, la condition des paysans s'était quelque peu améliorée depuis un demi-siècle et le temps n'était plus où le seigneur pouvait se croire un roi dans ses domaines.

§ XIV. — TROYES A LA FIN DU DIX-HUITIÈME SIÈCLE.

LA VILLE. — La ville avait conservé sa physionomie du temps passé. C'étaient toujours les mêmes rues étroites et mal pavées, les mêmes maisons à étages en surplomb, le même défaut de propreté. Cependant on cessa d'enterrer les morts au milieu des vivants; les cimetières furent transférés hors des murs. Vers 1766, les maisons furent numérotées et les rues éclairées par des lanternes. On demanda la démolition des murs d'enceinte qui ne servaient plus à rien. L'Hôtel-Dieu fut reconstruit.

Les libertés. — Troyes n'avait plus que l'ombre de ses anciennes libertés. Les assemblées générales étaient supprimées et le corps municipal ne représentait guère la ville qu'au passage des princes et des souverains. La milice bourgeoise faisait la police des incendies et paradait dans les cérémonies publiques.

Le clergé. — Le clergé continuait d'occuper une grande place dans la cité. Il surveillait l'instruction publique, alors entre les mains des congrégations religieuses.

Les arts et les lettres. — La sève artistique paraît épuisée; il n'y a plus d'artistes. Les chanoines, les prêtres vendent les objets d'art que leur ont légués les siècles passés.

La bibliothèque publique de l'école gratuite de dessin est alors fondée.

Sauf Grosley, les littérateurs de cette époque ne se sont pas élevés au-dessus du médiocre. Citons Courtalon-Delaistre, écrivain fécond, auteur de la *Topographie du diocèse de Troyes*; Simon de Troyes, poète et traducteur distingué; l'avocat André Lefebvre.

Troyes était depuis longtemps célèbre par ses almanachs. Ses astrologues étaient écoutés.

§ XV. — La période contemporaine.

Création du département de l'Aube. — Quand l'Assemblée nationale se dit qu'elle était la nation et osa le déclarer au gouvernement étonné, la population champenoise accueillit cette nouvelle avec joie.

C'est vers cette époque que Sieyès, ministre de

Louis XVI, eut l'idée de confondre les anciennes provinces qui différaient entre elles de lois, de privilèges et de mœurs. Il pensa que la division par départements créerait l'unité au point de vue des lois et de l'esprit national. La loi fut votée le 15 janvier 1790. Les départements furent divisés en districts, cantons et municipalités.

Il y eut, dans l'Aube, six districts (y compris celui d'Ervy) et soixante cantons.

Notre pays pendant la révolution. — Les habitants de l'Aube ne tombèrent pas dans les excès qui attristent l'époque de la Convention nationale. Quelques manifestations populaires se produisirent dès le début. Un seul fait grave et regrettable est la mort de M. Huez, maire de Troyes, tué par la populace.

Notre pays n'eut pas non plus à souffrir de l'invasion de 1792, qui fut arrêtée à Valmy.

Sous le Directoire, le district fit place à l'administration centrale de département (chef-lieu du département) et de canton (chef-lieu de canton). Enfin, la loi du 28 pluviôse an VIII (17 février 1800), a créé les préfets et les sous-préfets. Le district d'Ervy fut supprimé et le nombre des cantons de l'Aube ramené de soixante à vingt-six.

La campagne de France. — En 1814, le département de l'Aube fut témoin de la lutte admirable de Napoléon contre les souverains alliés.

Napoléon arrive en vue de Brienne le 29 janvier, à la tombée de la nuit, et en chasse le Prussien Blücker. Le 1ᵉʳ février, celui-ci prend l'offensive et engage la bataille de la Rothière. Napoléon est vainqueur, mais, écrasé par le nombre, il bat en retraite, passe à Piney, à Troyes, et arrive à Nogent le 7 février. Ayant appris que Blücker se dirige sur Paris, il court dans la Marne, laissant à ses généraux le soin de garder les vallées de la Seine et de l'Aube. Macdonald et Oudinot sont forcés de battre en retraite devant les troupes de Schwartzemberg, après avoir livré de glorieux combats à Bar-sur-Aube et à Nogent.

Napoléon revient à Troyes le 24 février et quitte la

ville trois jours après, lorsqu'il s'aperçoit que les conférences de Lusigny ne sont qu'un prétexte pour l'ennemi de réparer ses forces désorganisées par une série de défaites. Il apprend, à Reims, que ses généraux se sont battus à Bar-sur-Aube, Dolancourt, Arrentières et Arsonval, et que les alliés prennent la route de Paris. Il se met en marche et arrive le 20 mars à Arcis, où il livre, contre le prince de Schwartzemberg, la dernière grande bataille de cette mémorable campagne.

Les habitants de l'Aube rivalisèrent alors de patriotisme et de courage. Après la chute de Napoléon, ils eurent la douleur de voir le pays occupé par l'ennemi.

En 1815, nouvelle invasion et nouvelle occupation militaire jusqu'en 1818.

La guerre franco-allemande. — Depuis cette époque, notre département jouissait de la tranquillité générale ; le commerce et l'industrie y prenaient un rapide essor sous les gouvernements qui se sont succédé, quand arrivèrent les calamiteux événements de 1870.

« L'Aube ne fut pas, comme en 1814, le théâtre de la lutte. Les troupes allemandes envahirent notre département en août 1870 et l'occupèrent pendant plus de dix mois. Les actes de dévouement et de patriotisme furent nombreux. Des engagés volontaires de tout âge allèrent rejoindre, sous les drapeaux, ceux de leurs camarades que le sort y avait déjà appelés. Le régiment de marche des gardes mobiles prit part au siège de Paris. La guerre fit de nombreuses victimes. Un grand nombre de citoyens furent appelés, comme le commandant comte de Dampierre, à l'honneur de payer de leur vie leur dévouement à la France. »

« Heureusement, la paix a succédé à ces jours de malheur, et, grâce à la grande vitalité de son commerce et de son industrie, notre département a pu faire disparaître les traces de l'invasion. »

Un monument a été élevé à Troyes, en 1890, aux enfants de l'Aube morts pendant cette terrible guerre.

QUESTIONNAIRE

I. — Que racontaient les Troyens sur l'origine de leur ville ? — Que fut-elle, en réalité ? — Où les habitants de notre pays passaient-ils leur vie ? — Quel empereur romain fonda la cité des Tricasses ? — Quelles villes n'en faisaient pas partie ? — Que devint notre pays sous la domination romaine ? — Fut-il longtemps prospère ? — Parlez des impôts. — Qui prêcha le christianisme chez les Tricasses ? — Quelle fut l'origine de l'évêché de Troyes ?

II. — Quels barbares traversèrent notre pays en 406 ? — Que firent les empereurs romains ? — A qui le peuple se recommanda-t-il ? — Quel service rendit l'évêque saint Loup devant l'invasion des Huns ? — Parlez de la rencontre de Clovis et de Clotilde. — Que devint la Champagne sous les Mérovingiens ? — Qui fonda des monastères dans notre pays et quelle influence eurent-ils ? — Par qui fut complétée l'œuvre des moines ? Que firent les Normands en Champagne ? — Par qui furent-ils battus ?

III. — A quelles maisons appartinrent les comtes de Champagne ? — Lesquels furent élus rois ? — Quelle tentative coupable fit l'évêque Anségise sous le comte Robert ? — Quel était le caractère du comte Eudes II ? — Que fit le comte Hugues ? — Que savez-vous de saint Bernard et d'Abélard ? — Parlez de la jeunesse de Thibaut-le-Grand et de ses démêlés avec le roi. — Pourquoi Henri Ier fut-il surnommé le Libéral ? — Quels sont les Champenois qui s'illustrèrent en Terre-Sainte ? — Que savez-vous de Thibaut-le-Chansonnier ? — Que devint Jacques Pantaléon ? — Quels furent les écrivains champenois des douzième et quatorzième siècles ? — A quelle époque construisit-on la plupart des églises de notre département ? — Quels sont les arts qui complétaient l'architecture du moyen âge ?

IV. — Par qui la Champagne fut-elle réunie au domaine royal ? — Parlez des démêlés de Philippe-le-Bel avec l'évêque de Troyes. — Comment la Champagne a-t-elle reçu la nouvelle de la suppression des Templiers ? — Philippe IV avait-il des droits sur la Champagne ? — Parlez de la Grande Compagnie. — Que se passa-t-il en Champagne sous les règnes de Charles V et de Charles VI ? — Parlez du traité de Troyes. — Qui délivra la ville du joug des Anglais et des Bourguignons ?

— Comment le bâtard de Bourbon fut-il puni ? — Par qui fut perfectionnée l'artillerie ? — Comment Louis XI se comporta-t-il à l'égard des Troyens, avant et après la mort de Charles le Téméraire ? — Par qui le roi repeupla-t-il la ville d'Arras ?

V. — Quel aspect offrait Troyes à la fin du moyen âge ? — A quels dangers étaient exposés les habitants ? — Quels étaient les plaisirs de ce temps ? — Parlez du monde féodal et du clergé...; du monde du commerce et de l'industrie. — Comment traitait-on les pauvres ? — De quelle manière était rendue la justice ? — Comment nos ancêtres s'élevèrent-ils à la liberté ? — Quels services rendit la milice bourgeoise ? — Par quoi la royauté était-elle représentée ?

VI. — Quels résultats eurent, pour notre province, les règnes de Charles VIII et de Louis XII ? — L'ennemi ne menaça-t-il pas notre pays ? — Quelle autorité François Ier voulut-il avoir sur le clergé ? — Dans quel art les artistes champenois réussirent-ils le mieux ? — Quel est le plus célèbre d'entre eux ? — Parlez des littérateurs.

VII. — Quels furent les débuts de la Réforme en Champagne ? — Que fit l'évêque de Troyes Caraccioli ? — Parlez des *Trois Cents*. — Que fit le roi ? — Quels ennemis étrangers vinrent dans notre contrée ? — Quelle fut la conduite de Pierre Belin ? — Que fit Anne de Vaudrey ? — Que devinrent les réformés après le massacre de Troyes ? — Parlez du départ des Allemands et de la situation du pays à cette époque.

VIII. — Quels furent les débuts de la Ligue dans notre contrée ? — Comment se conduisirent les troupes de Monsieur ? — Que firent les Guises à Troyes ? — Par qui la ville fut-elle surprise ? — Quel événement fut cause d'une recrudescence de la Ligue ? — Que firent les royalistes ? — Réussirent-ils dans leur attaque de la ville de Troyes ? — Que devint la Ligue ? — Parlez de la soumission de Troyes. — De quelle manière capitulèrent les capitaines de bandes de la contrée ?

IX. — Que devinrent les libertés, sous Henri IV ? — Parlez de la guerre des seigneurs. — Dans quel état se trouvait notre contrée sous le ministère de Richelieu ? — Comment se conduisait l'intendant Laffemas ? — Parlez du logement des gens de guerre. — Qui donnait l'enseignement secondaire, à Troyes ?

X. — Parlez de la Fronde. — Quelles furent les réjouissances de ce temps ? — Les soldats se faisaient-ils aimer ? — Les emplois ne furent-ils pas vendus ? — Que fit Colbert pour notre pays ? — Quelles furent, chez nous, les conséquences de la révocation de l'édit de Nantes ? — Parlez de la situation des citadins et des paysans, à la fin du grand règne.

XI. — Où furent attirés les génies et les grands talents du siècle de Louis XIV? — Que devinrent les édifices provinciaux? — Parlez de deux grands artistes champenois... Lequel avait le meilleur caractère? — Citez quelques littérateurs de cette époque.

XII. — Parlez de la querelle des Jansénistes et des Jésuites. — Qui fut nommé, en 1716, évêque de Troyes? — Quelle doctrine soutint-il?... Fut-il imité par son successeur? — La magistrature était-elle considérée? — Parlez du séjour, à Troyes, du Parlement de Paris. — Pourquoi les parlements étaient-ils populaires? — Le furent-ils toujours?

XIII. — Quelle était la condition du clergé avant la Révolution? — Contribuait-il aux charges de l'État? — Comment étaient répartis ses biens? — Était-il considéré? — Quels étaient les pouvoirs des parlements? — Dites ce que vous savez des gouverneurs et des intendants. — Quel était l'impôt le plus lourd?... le plus impopulaire?... l'institution la plus odieuse? — Quel soldat devait fournir chaque commune? — Que désignait-on sous le nom général de police? — Comment étaient traités les détenus? — Parlez de l'industrie;... de l'agriculture.

XIV. — Dans quel état se trouvait la ville de Troyes à la fin du dix-huitième siècle? — Qu'étaient devenues les anciennes libertés? — Quelle position occupait le clergé? — Les arts y étaient-ils toujours en honneur? — Citez les littérateurs de cette époque.

XV. — Comment nos ancêtres accueillirent-ils la Révolution? — Qui eut l'idée de créer les départements? — Comment fut divisé le nôtre? — Y commit-on des excès? — Quel remaniement eut lieu sous le Directoire? — Parlez de la campagne de France dans notre département. — Quelle fut la dernière grande bataille? — De quels sentiments firent preuve nos compatriotes? — Parlez de la guerre de 1870-1871. — Où furent envoyés les mobiles de l'Aube? — Quel était le nom de leur commandant, et comment mourut-il?

DEUXIÈME PARTIE

LES PERSONNAGES REMARQUABLES DE L'AUBE

I. — ÉCRIVAINS

VILLEHARDOUIN (Geoffroy de), célèbre chroniqueur, né à Villehardouin, vers 1164, mort à Messinople en 1218. — Issu d'une famille noble, il se croisa à la suite du comte de Champagne, Thibaut III, et fut choisi par les croisés comme chef d'une députation qui devait demander aux Vénitiens des vaisseaux pour transporter l'armée. Sur la demande d'Alexis l'Ange, l'expédition abandonna la route de la Palestine. Les croisés prirent Constantinople (18 juillet 1203), où ils fondèrent un empire latin qui dura cinquante-huit ans. Villehardouin, devenu maréchal de Roumanie, sauva les débris de l'armée, en 1203, après la défaite d'Andrinople.

En 1207, il se retira à Messinople et écrivit, ou plutôt dicta à un clerc, son *Histoire de la conquête de Constantinople*, qui est le plus ancien monument littéraire de la prose française, et qui a été publiée, pour la première fois, par un ambassadeur vénitien, en 1573.

Ce récit offre un mélange de naïveté, de grandeur, d'intérêt et de sincérité.

CHRESTIEN, DE TROYES, dit *Menessier*, trouvère et romancier, naquit au village de Sainte-Maure, près de Troyes, vers 1145, et mourut en 1191. On sait seulement qu'il fut un des plus féconds trouvères de son époque et le plus estimé. Il composa son roman du *Saint-Graal* pour plaire à Philippe, duc de Flandre et tuteur de Philippe-Auguste. Dans ses autres ouvrages, il célèbre les exploits de la Chevalerie.

Son nom a été donné à l'une des rues de Troyes.

THIBAUT IV, dit le *Chansonnier* ou le *Posthume*, né à Troyes en 1201, mort dans cette ville en 1255. — Il était comte de Champagne et roi de Navarre. Ce fut un trouvère célèbre, ami et protecteur des poètes, dont il forma une Académie à sa cour. Doué des qualités du corps et de l'esprit, il prit pour devise : « Dieu et ma Dame. » Il rechercha les bonnes grâces de Blanche de Castille et lui peignit toute la vivacité de ses sentiments dans des chansons mélancoliques qui sont venues jusqu'à nous :

> Celle que j'aime est de telle seigneurie
> Que sa beauté me fait outrecuider.
> Quand je la vois, je ne sais que lui die,
> Si suis surpris que n'é l'ose prier.

La France se trouva bien de cet amour tout platonique, aux jours troublés de la minorité de Louis IX, quand Thibaut, abandonnant la ligue des seigneurs, sauva le roi et attira sur la Champagne toute la fureur des coalisés.

En 1234, Thibaut hérita de la Navarre, qu'il gouverna sagement et qui n'eut bientôt plus de terres incultes. On lui attribue l'introduction de la vigne en Champagne, ainsi que l'acclimatation des roses purpurines de Syrie, dites roses de Provins.

HUON DE MÉRY, trouvère, né à Méry-sur-Seine, vers 1200, mort à l'abbaye de Saint-Germain-des-Prés, vers 1275. — Il se faisait gloire de manier aussi bien la plume que la lance. Son principal roman est le *Tournoiement de l'Antechrist*, sorte de pamphlet politique dirigé contre les Albigeois. Il y chante le duel sans fin du mal contre le bien et la victoire complète du bien sur le mal.

JUVÉNAL DES URSINS (Jean) (1388-1473) était l'aîné des onze fils du grand citoyen qui fut prévôt des marchands de Paris. Il nous a laissé une chronique du règne de Charles V, où ne manquent ni le savoir, ni l'autorité, ni l'expérience des affaires, et où il a noté, comme dans une sorte de journal, non seulement les grands événements de la guerre et de la politique, mais les anecdotes de la vie publique, les incendies, les inondations, les pestes, les famines, et tout le détail de ce que nous appelons aujourd'hui les *faits divers*.

Dans ces temps troublés, Juvénal des Ursins appartient au bon parti : il est toujours Français, ennemi du Bourguignon et de l'Anglais.

JEAN DE TROYES, greffier de l'hôtel de ville de Paris, né à Troyes, vers 1430, mort à la fin du quinzième siècle. — Il passe pour être l'auteur de l'histoire de Louis XI, connue sous le nom de *Chronique scandaleuse*, et qui n'a rien de scandaleux que le titre dont on l'a affublée. Comme celle de Juvénal des Ursins, elle est très précieuse par les renseignements qu'elle nous donne, non seulement sur la vie politique, mais sur la vie sociale de cette époque.

Jean de Troyes est également Français et anti-Bourguignon. En vrai Champenois et en bon bourgeois de Paris, il est pour le roi contre le Téméraire et contre ses alliés, les féodaux et les Anglais.

PASSERAT (Jean), poète et littérateur, né à Troyes en 1534, mort à Paris en 1602. — Il fut élevé par un oncle qui l'envoya au collège de Troyes, et acheva ses études à Paris. Devenu l'un des meilleurs latinistes de son temps, il reçut pendant trois ans les leçons du célèbre jurisconsulte Cujas. Henri de Mesme, protecteur des savants, le logea dans sa maison et le pensionna. Protégé de Charles IX et de Henri III, il succéda à Ramus dans la chaire d'éloquence et de poésie latine au Collège de France. Ses leçons attirèrent bientôt l'élite de la capitale et des savants étrangers. Demeuré fidèle au roi, il les interrompit pendant les excès de la Ligue, et se joignit, avec son compatriote Pierre Pithou, aux auteurs qui composèrent la *Satire Ménippée*. Les vers

en sont de lui et de Nicolas Rapin. Cette satire ne fut
« guère moins utile à Henri IV que la bataille d'Ivry ».

Après la reddition de Paris, Passerat reprit son cours
avec le même succès qu'auparavant. Il avait perdu un
œil dans sa jeunesse, en jouant à la paume; une attaque
de paralysie le rendit aveugle.

Les poésies de Passerat sont très estimées; elles ont
e mérite du naturel, de l'enjouement et de la naïveté.
En voici un extrait :

> J'ai perdu ma tourterelle,
> Est-ce point elle que j'oy ?
> Je veux aller après elle.
> . . . .
> Mort, que tant de fois j'appelle,
> Prends ce qui se donne à toy :
> J'ai perdu ma tourterelle,
> Je veux aller après elle.

Le nom de Passerat a été donné à l'une des rues de
Troyes.

LARRIVEY (Pierre de), poète comique, né à Troyes
en 1541, mort en cette ville en 1612. — D'origine italienne, il remplissait les fonctions de chanoine à Saint-
Etienne de Troyes. Il donna au théâtre plusieurs comé-
dies assez légères, notamment *le Jaloux*, *la Veuve*, *les
Ecoliers*. On le regarde comme un des précurseurs de
Molière par la fécondité de ses plans, la complication
de ses imbroglios, ses saillies vives et franches. Malgré
les taches rebutantes de ses écrits, il mérite d'être
regardé comme l'écrivain le plus comique et le plus
plaisant de notre vieux théâtre.

Le nom de Larrivey a été donné récemment à une
petite rue de Troyes.

JAMYN (Amadis I*er*), poète et littérateur, né à
Chaource en 1538, mort au même lieu en 1593. — Elève
de Ronsard, qui le forma aux belles manières du temps
et au fin langage, il fut secrétaire du roi Charles IX.
Au milieu des splendeurs de la cour, Amadis Jamyn
n'oublia pas son pays. Traducteur de l'*Iliade* d'Ho-
mère, il prend, aux dernières pages de son volume, la
défense des Champenois contre le reproche banal de

bonhomie et de moutonnerie qui leur est fait. Il fonda à Chaource un collège qui dura jusqu'en 1789. Jamyn fut inhumé dans l'église de son pays natal. Ses deux frères furent aussi des littérateurs de quelque mérite.

BOURBON (Nicolas), dit l'*Ancien*, poète latin, né à Vendeuvre-sur-Barse en 1503, mort en 1550. — Il était fils d'un maître de forges. Dès son jeune âge, il donna des marques d'une imagination ardente et féconde. A peine âgé de quatorze ans, Bourbon composa un poème latin intitulé *la Forge*. On y trouve de curieux détails sur les travaux des forgerons au seizième siècle, et sur l'origine qu'il assigne faussement au nom de Vendeuvre :

> Vendeuvre, d'où la *Forge* a pris son origine,
> Est assis sur la Barse, au pied d'une colline,
> Environné de prés, non loin de cette tour
> Que bâtit le Vandale, y faisant son séjour.
>
> A ce peuple guerrier Vendeuvre doit son nom.

Grâce à sa fortune, Bourbon put mener une vie indépendante et faire de longs voyages. Ami d'Erasme et de Rabelais, il fut admis à la cour de François Ier et devint précepteur de Jeanne d'Albret, mère de Henri IV.

Les poésies de Bourbon ont été diversement goûtées. Il eût été plus connu s'il eût écrit en français. Il mourut en Touraine, en 1550.

BOURBON (Nicolas), dit le *Jeune*, poète grec et latin, petit-neveu du précédent, naquit à Bar-sur-Aube en 1574, et mourut à Paris en 1644. Il commença ses études au collège de Troyes et y devint plus tard professeur. Ayant critiqué le Parlement à propos de la suppression d'une taxe de six écus d'or que les régents de ce temps levaient sur leurs écoliers, il fut puni de quelques mois de prison. Bourbon quitta sa chaire de professeur de grec au Collège royal pour entrer chez les Oratoriens, et embrassa l'état ecclésiastique. A cette occasion, il disait plaisamment qu'il n'avait eu « qu'à se faire un collet de ses manchettes ». Richelieu le nomma membre de l'Académie française en 1637, deux ans après la fondation de cette illustre société.

Bourbon fut estimé, de son vivant, le meilleur poète latin de son siècle. Son chef-d'œuvre est la pièce relative au meurtre de Henri IV.

VIGNIER (Nicolas), médecin et historien, né à Bar-sur-Seine en 1530, mort à Paris en 1596. — Ayant embrassé la religion protestante, il dut s'expatrier en Allemagne, où l'étude de l'histoire occupa ses loisirs. Il revint ensuite à la foi de ses pères, reprit le chemin de la France, et Henri III se l'attacha comme médecin. Un de ses ouvrages démontra le droit qu'avait la Couronne sur la province de Bretagne. Alors le roi lui donna le titre de son historiographe. Vignier est l'auteur, notamment, de la *Bibliothèque historiale*.

BOURSAULT (Edme), poète dramatique, né à Mussy-sur-Seine, en 1638, mort à Montluçon, en 1701. — Il se distingua dès sa jeunesse par son esprit et par la grâce de son style. Quoiqu'il ne connût pas les langues anciennes, Louis XIV le chargea d'écrire un livre destiné à l'éducation du dauphin; ce fut *La véritable Étude des souverains*, dont le roi se montra fort satisfait.

Boursault était très indépendant de caractère. Il fit une gazette en vers qui l'aurait conduit à la Bastille sans l'intervention du grand Condé. Son *Mercure galant*, pièce comique, fut représenté quatre-vingts fois de suite.

Cet écrivain avait un grand cœur. Ayant appris que Boileau avait besoin d'argent, il lui offrit sa bourse, bien que celui-ci l'eût fort maltraité dans un de ses écrits. Boileau en fut touché et effaça le nom de Boursault de ses satires.

COURTALON-DELAISTRE (l'abbé Jean-Charles), né à Dienville en 1735, mort curé de Sainte-Savine-lès-Troyes en 1786. — Chroniqueur et historien local distingué, il a produit aussi de petites pièces de vers qui ne manquent pas d'originalité et de trait. Les journaux littéraires de l'époque sont remplis de ses recherches. Mais l'ouvrage important et de grande valeur qui a fait sa réputation est la *Topographie historique de la ville et du diocèse de Troyes*.

COLLIN (Jacques-Albin-Simon), littérateur, né à Plancy, en 1794, mort à Paris, en 1881. — Cousin, par sa mère, du conventionnel Danton, il fut un historien et un romancier des plus laborieux, des plus érudits et des plus féconds de ce siècle. Sa vie littéraire et intime présente deux phases bien distinctes et opposées : l'une d'irréligion ostensible, qui s'arrête à 1841, l'autre de foi ardente, qui s'étend jusqu'à sa mort. Naturellement ses œuvres innombrables se partagent entre ces deux périodes. Plusieurs de ses ouvrages portent le titre de *Dictionnaire*.

GROSLEY (Pierre-Jean), littérateur et historien local, né à Troyes, en 1718, mort dans cette ville en 1785. — Il visita l'Angleterre, la Hollande, la Suisse et fit la campagne d'Italie de 1745, dont il écrivit l'histoire. Mêlant le gai au sérieux, le noble au burlesque, sa verve caustique le fit appeler le *Voltaire champenois*. Des Troyens célèbres de son temps, il est le seul qui ne se soit pas laissé accaparer par Paris ou par l'étranger. La ville de Troyes était pour lui l'objet d'un culte dévoué. Chaque jour, il allait en robe de chambre et en bonnet de nuit faire son tour de ville et causer avec les tisserands de sa chère rue du Bois, tirant d'eux ou leur faisant à plaisir quelques bons contes.

Grosley publia une foule de mémoires, de travaux biographiques, littéraires et historiques, dont une partie est insérée dans les journaux du pays.

• **BOUTIOT** (Joseph-Théophile), chroniqueur et historien, né à Vendeuvre, en 1816, mort à Troyes, en 1875. — Fils de modestes cultivateurs, il arriva à une belle situation par sa facilité naturelle et son opiniâtreté au travail. Il étudia jour et nuit la géologie et l'histoire de son pays. Aussi devint-il un historien local remarquable. Son bagage littéraire ne comprend pas moins de quatre-vingt-neuf ouvrages ou opuscules différents. Mais l'œuvre capitale de Boutiot est l'*Histoire de Troyes et de la Champagne méridionale*, véritable monument élevé à sa ville d'adoption. C'est la source la plus féconde de renseignements sur notre pays.

ULBACH (Jean-Baptiste-Louis), né à Troyes, en 1822, mort à Paris en 1888, où il était l'un des bibliothécaires de l'Arsenal ; publiciste, critique et romancier très fécond, auteur de nombreux et remarquables ouvrages.

II. — ARTISTES

LE BÉ (Guillaume), graveur et fondeur en caractères, né à Troyes en 1525, de l'ancienne famille des papetiers de ce nom, mort à Paris vers 1610. — Il devint un des premiers artistes dans la fonte des caractères d'imprimerie. C'est lui qui grava et fondit ceux dont s'est servi le célèbre imprimeur Robert Estienne.

GONTIER (Linard ou Léonard), dit *l'aîné*, né à Troyes vers 1575, mort dans la même ville après 1642, était un des plus célèbres peintres-verriers de Troyes. Ils étaient quatre frères, dont deux du prénom de Linard, puis Jean et Nicolas. L'aîné travailla non seulement pour les églises de Troyes, mais aussi pour certains édifices civils. Les travaux signés : « *Linard Gontier, mestre peintre-verrier* », sont d'une perfection achevée. On regarde comme son chef-d'œuvre les anciens vitraux de l'hôtel de l'Arquebuse, aujourd'hui conservés à la bibliothèque de Troyes.

THOMASSIN (Philippe), dessinateur et graveur en acier et sur cuivre, né à Troyes, en 1562, mort à Rome, en 1629. — A l'âge de douze ans, il apprit l'état de cuisinier qu'exerçait son père. La ville de Rome l'ayant attiré, il y fit, pour vivre, des boucles de ceinture. Mais la vue des chefs-d'œuvre qu'il avait sous les yeux le porta presque aussitôt vers l'art de la gravure. Il publia surtout des sujets religieux. Aucun graveur n'a donné un total de travaux aussi considérable ; on en connaît trois cent quatre-vingt-deux, sans compter les planches anonymes.

Une des gloires de notre compatriote fut d'avoir formé Jacques Callot, l'illustre lorrain, qui atteignit, dans son genre, les dernières limites de la perfection.

GENTIL (François), sculpteur, né à Troyes, vers 1510, mort en 1583, fut un des plus grands artistes qui illustrèrent la ville de Troyes à cette époque. Il remplit de ses œuvres les églises de cette ville. L'illustre peintre, sculpteur et architecte italien Bernini, dit le *Cavalier*, passa trois mois à les copier et appelait Troyes une petite Rome. Le nom de Gentil est souvent associé à celui de Dominique le Florentin, qui travailla aussi beaucoup pour Troyes.

La tempête de la Révolution de 1789 a dispersé une partie des belles statues de Gentil; d'autres ont été volées. Malgré tout, il en reste encore assez pour juger de son talent. On en trouve aussi dans quelques églises du département. Les statues et les ornements intérieurs de la belle église de Rumilly-les-Vaudes sont dus à son ciseau.

Le portrait de cet artiste se voit au musée de Troyes, et la ville a donné son nom à l'une de ses rues.

GIRARDON (François), célèbre sculpteur, né à Troyes, en 1628, mort à Paris, en 1715. — Après avoir étudié les beaux modèles que lui offraient, dans sa ville natale, les sculptures de Dominique et de Gentil, il prit en main le ciseau et ne le quitta plus. Il partit pour Rome où deux compatriotes l'accueillirent: Philippe Thomassin le logea; Pierre Mignard l'aida de ses conseils et le plaça sous la direction du cavalier Bernini. Sa réputation commença à grandir à Paris. Colbert et le peintre Le Brun l'honorèrent de leur amitié. Il fut nommé architecte, sculpteur ordinaire du roi, chancelier et recteur de l'Académie de peinture et de sculpture de Paris.

Citons, parmi les œuvres de cet habile maître, le *Christ* en bronze qu'il donna à l'église Saint-Remi, sa paroisse; le *Médaillon* en marbre blanc de Louis XIV, à l'hôtel de ville de Troyes; les *Bains d'Apollon*, à Versailles; et son chef-d'œuvre, le *Mausolée du cardinal de Richelieu*, à la Sorbonne.

L'une des rues de Troyes porte également son nom.

MIGNARD (Pierre), dit le Romain, célèbre peintre et graveur, né à Troyes, en 1612, mort à Paris en 1695.

— C'est à Venise qu'il peignit ses premières vierges, appelées *Mignardes* par les Italiens. Il resta vingt-deux ans en Italie, s'y maria et semblait s'y être fixé définitivement lorsque le ministre de Lionne le pressa, de la part du roi, de revenir en France. Un portrait qu'il fit de Louis XIV établit tout d'un coup sa réputation. Tous les grands seigneurs, toutes les grandes dames de la Cour surtout, voulurent avoir leur portrait de la main de Mignard. Il fit jusqu'à dix fois celui de Louis XIV.

Mignard reçut des lettres de noblesse du roi, dont il fut nommé le premier peintre. Successeur de son rival Le Brun à la direction de l'Académie de peinture et des Gobelins, il est l'auteur des magnifiques *fresques* du Val-de-Grâce, du *Baptême de Jésus-Christ* et d'un *Père éternel* à l'église Saint-Jean, de Troyes.

SIRET (Jean-Baptiste), dit Raisin, musicien, compositeur et organiste de la cathédrale et de Saint-Jean de Troyes, né dans cette ville, en 1604, mort à Paris, en 1665. — Trouvant qu'il ne gagnait pas assez d'argent, même en composant des *Pièces de clavecin*, il vint à Paris avec sa famille et une épinette de son invention. « Hé ! épinette, disait-il à cet instrument, jouez une telle courante. » Aussitôt l'obéissante épinette jouait cette pièce entière. Quelquefois Raisin l'interrompait en lui disant : « Arrêtez-vous, épinette. » S'il lui disait de poursuivre la pièce, elle la poursuivait; d'en jouer une autre, elle la jouait; de se taire, elle se taisait. Les faibles croyaient Raisin sorcier ; les plus présomptueux ne pouvaient le deviner. Louis XIV voulut voir et admira l'invention, mais la reine en fut effrayée, de sorte que le roi ordonna que l'on ouvrît le corps de l'épinette, d'où l'on vit sortir un petit enfant de cinq ans, beau comme un ange.

A la mort de Raisin, sa femme continua avec succès la direction de sa troupe ambulante et eut l'honneur de former, pour la troupe de Molière, le fameux acteur Baron.

Deux des fils de Raisin, Jacques et Jean-Baptiste, furent des acteurs distingués.

CARREY (Jacques), peintre d'histoire, élève de Le Brun, et graveur, né à Troyes, en 1649, mort dans cette ville en 1726. — Il suivit l'ambassadeur de Nointel à Constantinople, en Grèce, en Asie-Mineure, en Palestine, levant les dessins des statues, des bas-reliefs et des monuments que le temps avait épargnés. Carrey revint en France avec de Nointel, laissant à Constantinople un coffre rempli d'esquisses et de croquis qu'il ne revit jamais, quelques tentatives qu'il fit pour les ravoir. Il travailla sous la direction de Lebrun à la Galerie de Versailles, dont il dessina les morceaux les plus curieux. En 1720 il représenta en six tableaux, pour l'église Saint-Pantaléon, les principaux faits de la vie du patron de cette église. Le musée de Bordeaux possède plusieurs tableaux de ce maître.

COSSARD (Pierre), peintre-professeur, naquit à Troyes, le 20 juin 1720, et mourut dans la même ville, en 1784. Il suivit avec distinction la carrière de ses pères et mérita, par son talent, d'être un des six artistes qui obtinrent l'autorisation de fonder à Troyes une école gratuite de dessin. Cette école, qui devait donner des illustrations à la ville et à la France, s'ouvrit en 1773. Cossard y amena tous les siens, fils, neveux, cousins, pour donner aux élèves une puissante émulation. Son neveu, Jean Cossard, obtint en 1784 le premier prix au concours de toutes les classes et devint un miniaturiste distingué. Cette même année, une attaque de paralysie obligea Pierre Cossard à quitter ses fonctions. Il mourut quelques mois après, regretté de ses concitoyens. On lui doit plusieurs grands tableaux religieux : une *Sainte-Famille* à l'église de Villacerf; un grand tableau dans l'église de Bar-sur-Seine; d'autres dans les églises de Troyes, et une infinité de peintures non signées.

PAILLOT DE MONTABERT (Jacques-Nicolas), peintre et archéologue, né à Troyes en 1771, mort à Saint-Martin-ès-Vignes, (faubourg annexé à cette ville), en 1849. — Les événements de la Révolution le contraignirent à s'expatrier. Il parcourut d'abord l'Allemagne et la Flandre, puis les Etats-Unis, l'Italie et l'Egypte, réduit parfois, pour vivre, à entreprendre des portraits à très bas prix.

Le long séjour qu'il fit à Rome et dans les grandes villes de l'Italie lui permit d'en étudier les principales richesses artistiques, et de découvrir ce secret de l'antiquité, que la source de toute beauté et de toute harmonie n'est autre que l'unité.

En 1796, Paillot de Montabert se fixa à Paris, où il devint l'élève et l'ami du grand peintre David. Son plus beau titre à la reconnaissance publique est son *Traité complet de la Peinture*, en 9 volumes, et qui lui coûta plus de 200,000 francs.

Lorsque la croix de la Légion d'honneur lui fut remise, un membre de l'Ordre s'écria : « Je donnerais vingt croix comme la mienne pour en posséder une de cette valeur. »

Devenu aveugle en 1834, de Montabert n'en continua pas moins, pendant les seize dernières années de sa vie, à produire de nouveaux ouvrages, suppléant à l'organe qui lui manquait par des procédés mécaniques. Le musée de Troyes possède quatre toiles de ce grand artiste. Un monument lui a été élevé à Saint-Martin, et une des rues de Troyes porte son nom.

ARNAUD (Anne-François), peintre et dessinateur habile, excellent professeur, élève de Gros et de David, archéologue distingué, né à Troyes en 1787, mort dans cette ville en 1846. Directeur de l'école de dessin de sa ville natale, il publia, de concert avec ses élèves, son *Voyage archéologique dans le département de l'Aube*, ouvrage bien fait, qui lui mérita les éloges les plus flatteurs et le fit nommer inspecteur des monuments historiques. On a de lui des tableaux religieux et de beaux portraits. Le musée de Troyes possède plusieurs de ses toiles.

MARTIN HERMANOWSKA (Jean-François), peintre verrier, né à Troyes en 1806, mort à Paris, vers 1861. — Depuis les Linard Gontier, c'est-à-dire depuis deux cents ans environ, l'art de la peinture sur verre, dans lequel les artistes troyens ont toujours excellé, s'était endormi. Martin rêva de le ressusciter. Il attaqua franchement le problème de la translucidité sans transparence. On lui reproche le manque de fini et de correction dans le dessin. Malgré ce défaut, la renommée de son talent dépassa les limites du département de l'Aube. Il restaura notamment les vitraux des églises de Brienne-le-Château et de Saint-Martin-ès-Vignes, à Troyes.

GAMBEY (Henri-Prudent), ingénieur mécanicien, né à Troyes, en 1787 ; mort à Paris, en 1847. Fils d'un simple horloger, doué d'une aptitude extraordinaire pour la mécanique, il entra, comme contre-maître, à l'école des Arts-et-Métiers de Châlons, puis se rendit à Paris et s'y livra à la fabrication des instruments de précision, sans en retirer les avantages que son rare talent devait lui procurer un jour.

Un hasard heureux découvrit à Arago que Gambay était l'inventeur des remarquables instruments qu'un intermédiaire fournissait au Bureau des Longitudes, et que, jusque-là, l'Angleterre seule pouvait fabriquer. Le savant illustre voulut connaître Gambey et l'honora bientôt d'une amitié qui fut utile à la science et qui révéla le grand artiste.

Gambey obtint trois fois de suite des récompenses de premier ordre aux expositions de l'Industrie. Il fit pour l'Observatoire son équatorial (instrument pour suivre le mouvement des astres) que l'Angleterre devait nous envier. Elle fit les plus vives tentatives pour nous enlever notre célèbre mécanicien ; mais son patriotisme lui fit repousser les offres les plus brillantes, répétées, sans plus de succès, par la Russie et les Etats-Unis.

D'éclatantes distinctions devaient récompenser tant de désintéressement. Nommé membre de la Légion d'honneur, ingénieur en instruments de navigation, le Bureau des Longitudes le choisit pour succéder à Berthoud ; enfin l'Académie des Sciences l'appela dans son sein, où il prit place à côté d'Arago, son premier protecteur. Il fut aussi membre de plusieurs Académies étrangères.

Gambey mourut prématurément, à 60 ans, en pleine possession de son talent extraordinaire.

GAUTHIER (Martin-Pierre), architecte, né à Troyes, en 1790, mort à Paris, en 1855. — Il devint, au collège de Troyes, beaucoup plus fort en dessin qu'en latin. Un jour, son professeur, vérifiant les copies d'une dictée, trouva sur celle de l'élève Gauthier... son propre portrait! Le modèle, reproduit avec ressemblance, ne pouvait guère se fâcher; il sourit et remercia.

Gauthier prit rapidement le premier rang au cours public d'architecture de sa ville natale, et fut présenté par le préfet à Napoléon Ier qui traversait Troyes pour aller se faire couronner à Milan roi d'Italie. Emmené à Paris par un secrétaire de l'Empereur, il fut reçu le premier, en 1810, pour le grand prix de Rome. Arrivé dans cette ville, il s'éprit de l'art antique, fit de bons dessins pour la restauration des temples de *la Paix* et de *Mars Vengeur*. Il explora les monuments de Gênes et des environs. Revenu à Paris, il obtint une médaille d'or pour le projet d'une basilique chrétienne dans une capitale. Il construisit le monument de Fénelon à Cambrai; celui de Bertrand Duguesclin, à Mende; l'église de Saint-Jean-de-Bonneval (Aube); la halle aux grains, l'hospice de Saint-Nicolas, à Troyes; l'hôpital de la Riboisière, à Paris, etc.

Son état maladif l'ayant empêché de suivre les détails d'exécution de l'hospice Saint-Nicolas, les bâtiments se lézardèrent, et l'architecte, membre de l'Institut, chevalier de la Légion d'Honneur, fut condamné à verser une indemnité de 200,000 francs. Hors d'état de payer cette somme, il fut conduit à la prison de Clichy. La douleur qu'il en ressentit fut immense; il prit le lit pour ne plus le quitter. Pendant ce temps, ses collègues de l'Institut firent en sa faveur une démarche auprès de Napoléon III, qui promit de payer le dommage sur sa cassette. Malgré la joie que Gauthier éprouva en apprenant ces consolantes dispositions, il n'en recueillit pas le bénéfice, car il mourut la même année, à l'âge de soixante-cinq ans.

SIMART (Pierre-Charles), célèbre statuaire, né à Troyes, en 1806, mort à Paris en 1857. Son père, simple menuisier, destinait son fils à l'établi, mais le jeune Simart se prononça d'une manière si formelle et fut si chaleureusement encouragé dans ses projets par le directeur de l'école de dessin de Troyes et par le savant peintre Paillot de Montabert, que sa famille fut obligée de se rendre à ses instances. Il partit à Paris avec une pension annuelle du conseil municipal, fixée d'abord à 300 francs, et qui fut portée, dans la suite, à 400.

En 1831, il obtint le second prix de Rome, et le premier deux ans après. Élève de Pradier, il composa le *buste de Charles X*, les *bas-reliefs* du tombeau de Napoléon I*er*, une statue de la *Vierge* en marbre blanc, qu'on voit à la cathédrale de Troyes, etc. Il se disposait à exécuter, pour sa ville natale, une statue de son compatriote Urbain IV lorsqu'il mourut des suites d'une chute d'omnibus.

Simart était membre de l'Institut. Sa veuve fit don au musée de Troyes de tous les modèles en plâtre qui ornaient l'atelier de ce grand artiste, dont le nom a été donné à l'une des rues de sa ville natale.

THIESSON (Antoine-Narcisse), musicien et mélodiste très distingué, né à Ervy, en 1806, mort à Viâpres-le-Petit, dont il était desservant, en 1872. L'exécution de ses morceaux à la cathédrale de Troyes porta la réputation de l'artiste jusque dans la capitale. On lui fit des offres brillantes pour l'attirer à Paris; mais il résista toujours, n'ambitionnant qu'une chose, être maitre de chapelle à la cathédrale de Troyes. La jalousie lui barra le chemin. Il avait en poche sa nomination; ses adieux à sa paroisse étaient faits; tout à coup, sans raison plausible, la nomination fut rapportée. Ce fut un coup mortel pour l'abbé Thiesson. On voulut plus tard le dédommager : il refusa.

L'abbé Thiesson composa une *Histoire de sainte Cécile*.

MAISON (Pierre-Eugène), peintre d'histoire, né aux Riceys, en 1814, mort à Paris en 1879. — Élève de Coigniet, lauréat du prix de Rome en 1842, il est auteur de plusieurs grandes toiles estimées parmi lesquelles nous citerons : *La messe pontificale à Saint-Pierre de Rome*, achetée par le gouvernement pour le musée de Versailles; la *Peste de Ricey-Bas en 1631*, tableau donné par le gouvernement à l'église de Ricey-Bas; une *Histoire de l'âme*, sujet composé de six tableaux, actuellement au château de Vendeuvre, et plusieurs autres, donnés au musée de Troyes.

JANSON (Louis-Charles), sculpteur, né à Arcis-sur-Aube, en 1823; mort à Paris, en 1881. — Aidé des conseils de Simart, il fut pensionnaire du Conseil général de l'Aube à l'école des Beaux-Arts, où il obtint la médaille de composition historique. Ses œuvres témoignent d'un vrai talent.

Janson donna plusieurs de ses œuvres au musée de Troyes ; entre autres, son *Diogène* et *Attila arrêté aux portes de la ville par saint Loup*.

III. — SAVANTS

JARCHI ou **JARKI**, vulgairement Raschi (Salomon), savant rabbin, né à Troyes en 1040, mort dans la même ville, en 1105. Pour s'instruire, il n'avait pas craint d'entreprendre les voyages les plus lointains et les plus périlleux. Il connaissait toutes les langues de l'Europe, de l'Orient et celles de l'antiquité, et était versé dans les sciences. Quoique son style soit généralement mystique, et qu'il donne place trop facilement aux anecdotes de la tradition, il conserve encore de nos jours une très grande autorité parmi les juifs. Jarchi est l'auteur d'une *Bible hébraïque* en quatre volumes. Il fonda la littérature rabbinique et créa un corps de doctrines qui régit encore la nation juive au point de vue religieux.

RÉGLEY (l'abbé), historien géographe, savant, poète latin et français, né aux Riceys, vers 1740, mort après 1790. Doué de connaissances très variées, il est auteur d'un *Atlas de la généralité de Paris*, d'*Odes françaises et latines*, et de divers autres travaux.

DESMARETS (Nicolas), encyclopédiste, mathématicien, géologue et naturaliste, né à Soulaines, en 1725; mort à Paris, en 1815. — Le gouvernement le charge de nombreuses missions scientifiques à l'étranger qu'il remplit avec zèle, intelligence et succès. Personne, autant que lui, ne contribua aux progrès et à la prospérité de notre industrie nationale. Il fut nommé membre de l'Institut, administrateur de la manufacture de porcelaines de Sèvres et professeur d'histoire naturelle. En 1793, son influence puissante sauva de la destrucon une foule d'objets d'art et de monuments. La postérité doit lui être reconnaissante, et son pays fier de lui avoir donné naissance.

DÉSESSARTZ (Jean-Charles), docteur en médecine, né à Bragelogne, en 1729; mort à Paris, en 1811. — Resté orphelin et sans fortune, il se fit connaître si avantageusement par son mérite qu'il devint successivement médecin du duc d'Orléans, membre, puis doyen de la faculté de médecine de Paris, membre de l'Institut. L'ouvrage qui lui fait le plus d'honneur est son *Traité de l'éducation des enfants en bas âge*, que Rousseau a beaucoup consulté pour la composition de son *Emile*. C'est ce qui valut à Désessartz le nom de *Médecin des enfants*.

THÉNARD (le baron Louis-Jacques), célèbre chimiste, né à La Louptière, en 1777, mort à Paris, en 1857. Fils de cultivateurs, il reçut les premières leçons de langues et de mathématiques du curé de son village, partit à dix-sept ans pour Paris, où il suivit les cours de chimie pour devenir pharmacien, et conquit bientôt l'estime et la confiance des grands chimistes Vauquelin, Fourcroy et Gay-Lussac. Ses découvertes révolutionnèrent la chimie et portèrent la gloire de Thénard à son apogée. Il fut doyen de la Faculté des sciences de Paris, membre de l'Institut, grand officier de la Légion d'Honneur, fondateur de la *Société des amis de la science*, auteur d'importants ouvrages, dont le plus répandu est son *Traité de chimie théorique et pratique*. Créé baron et anobli par Charles X, en 1825, il fut aussi député de l'Yonne, pair de France, puis sénateur en 1852. La ville de Sens, où il fit ses humanités, lui érigea une statue ; son pays natal lui éleva un buste en bronze et fut autorisé à prendre le nom de *La Louptière-Thénard*.

DU SOMMERARD (Simon-Nicolas-Alexandre), archéologue, né à Bar-sur-Aube, en 1779, mort à Saint-Cloud, en 1842. — Nommé conseiller à la Cour des Comptes, il consacra une partie de la fortune qu'il avait acquise à satisfaire ses goûts pour l'archéologie. Il parcourut toute la France pour rechercher les vieux meubles, les vieilles armures, les vieilles tapisseries, les sculptures anciennes, et il en forma une collection précieuse qu'il déposa dans le vieil hôtel Cluny qu'il avait loué à cet effet. Il a écrit plusieurs ouvrages, notamment : *Les Arts au moyen age*. A sa mort, l'hôtel Cluny fut acquis par l'Etat avec ses collections, converti en musée public, qu'on appelle indistinctement *Musée de Cluny* ou *Musée du Sommerard*.

GERDY (Pierre-Nicolas), médecin, né à Loches, en 1797, mort à Paris, en 1856. Professeur à la Faculté de médecine de Paris, membre de l'Académie de médecine, député de Bar-sur-Seine en 1848, il fut de ce petit nombre d'hommes auxquels nulle connaissance humaine ne demeura étrangère. Il rendit de grands services aux communes de l'arrondissement de Bar-sur-Seine, pendant l'épidémie cholérique de 1832. Ses travaux scientifiques le mirent au rang des célébrités médicales.

Un seul trait fera connaître son caractère. Gerdy soutint une lutte très vive contre Orfila, doyen de la Faculté de médecine sous le règne de Louis-Philippe. Quand la révolution de Février renversa celui-ci de son piédestal, Gerdy refusa obstinément de faire partie de la commission chargée d'examiner ses comptes. « Seul, dit-il, j'ai combattu son administration, alors qu'il était tout-puissant, il ne saurait me convenir aujourd'hui de me joindre à ses juges. »

GUYOT (Jules), homme de science et viticulteur, né à Gyé-sur-Seine, en 1807, mort à Savigny-les-Beaune, en 1872. Il fit d'abord des études médicales complètes jusqu'au grade de docteur, puis s'occupa de questions politiques et sociales et publia, en 1848, le résumé de ses doctrines sous le titre *Institutions républicaines*. Mais c'est à la science pure et appliquée que Jules Guyot dut une partie de sa gloire. Il étudia l'action de la chaleur sur la guérison des plaies, la pression de l'air, les huiles essentielles, et créa une locomotive à trois pistons. Sous l'Empire, il s'adonna spécialement à l'étude de la culture de la vigne, où il s'acquit une grande réputation. Son principal ouvrage est intitulé : *Etudes des vignobles de France.*

DELAUNAY (Charles-Eugène), astronome, né à Lusigny, en 1816, mort à Cherbourg, le 5 août 1872. On peut dire qu'il appartenait à Ramerupt, où son père vint se fixer, en 1818. Après avoir achevé de brillantes études au collège de Troyes, il fut élève de l'Ecole polytechnique, d'où il sortit le premier en 1836. Il fut nommé ingénieur des mines, professeur à la Faculté des Sciences, membre de l'Institut, directeur de l'Observatoire de Paris à la mort de Le Verrier, son célèbre antagoniste.

L'œuvre immortelle de Delaunay est un ouvrage intitulé : *Théorie du mouvement de la lune,* qui eut un grand retentissement dans toute l'Europe savante.

La mort de Delaunay fut tragique. Comme il était allé visiter la digue de Cherbourg, une tempête fit chavirer son embarcation et l'engloutit. Son corps fut transporté à Ramerupt, où il reçut les honneurs d'un deuil public et général.

BELGRAND (François-Eugène), ingénieur-hydrologue, né à Ervy, en 1810, mort en 1878. Il fut élève de l'Ecole polytechnique, puis de celle des Ponts-et-Chaussées. Nommé ingénieur, il se livra à l'hydrologie, qui devait faire sa réputation. Appelé à Paris par le préfet de la Seine, baron Haussmann, Belgrand réussit, après vingt ans de travail, à amener les eaux de la Vanne dans la capitale, et à en débarrasser la ville lorsqu'elles avaient servi.

Les écrits scientifiques de Belgrand sont nombreux. Sa réputation était européenne. Il était membre de l'Académie des Sciences.

BERTRAND (Arcade-Armand), physicien, né à Ramerupt de simples cultivateurs, en 1817; mort à Paris, en 1857. Après avoir été un des plus brillants élèves du collège de Troyes, il fut admis à l'Ecole normale supérieure, d'où il sortit le premier. Il conquit tous ses grades universitaires, et fut nommé professeur de physique à Rodez, puis au collège Stanislas, à Paris. Il remplit en même temps les fonctions de préparateur et conservateur du cabinet de physique de l'École normale.

Bertrand était modeste ; il résista toujours aux offres d'emplois plus élevés. Il était l'ami intime de Delaunay, dont il partageait la société, à Ramerupt.

COMPIÈGNE (Louis-Alphonse-Henri-Victor du Pont, marquis de), géographe-explorateur, né à Fuligny, en 1846 ; mort au Caire, à la suite d'un duel, en 1877. Après avoir fait de brillantes études, il fut nommé, à dix-sept ans, auditeur au conseil d'État. D'un caractère ardent et entreprenant, il se sentit entraîné par l'amour des voyages. Il explora l'Amérique en 1869, s'engagea pendant la guerre et fut fait prisonnier à Sedan. L'ordre du jour de l'armée l'avait cité trois fois. Compiègne revint combattre l'insurrection de la Commune, comme volontaire de la Seine, et fut encore cité deux fois à l'ordre du jour et proposé pour la croix. Il visita ensuite la Floride, le Gabon, l'Égypte, où il fut secrétaire général de la Société de géographie. Compiègne écrivit les résultats de ses voyages dans des livres d'un vif intérêt.

IV. — MAGISTRATS ET PERSONNAGES POLITIQUES

HENRI Ier, dit le *Libéral*, comte de Champagne, né à Troyes, en 1127, mort au même lieu, en 1180. Il est connu surtout comme philanthrope et bienfaiteur de la ville de Troyes. On lui doit l'*Hôtel-Dieu-le-Comte*, treize églises et autant d'hôpitaux. Il distribua les eaux de la Seine au-dessus de la ville en faveur de manufactures qu'il encouragea. Tout le monde eut part à ses largesses.

GAUTHIER III, comte de Brienne, né à Brienne, vers 1155, mort en 1205, d'une blessure reçue au château de Sarno (sud de l'Italie). Il partit pour la 4e croisade avec son frère Jean de Brienne, sous la conduite de Thibaut IV, comte de Champagne, se distingua à la défense de Saint-Jean-d'Acre (1188), conquit une partie du royaume de Sicile, sur lequel il avait des droits par sa femme, mais ne jouit pas longtemps de sa conquête. Il était non seulement brave, mais téméraire; et il semble que l'auteur de l'*Histoire de Jérusalem* songe à lui lorsqu'il dit des Champenois : « De toutes les provinces de la nation française, si renommée par son ardeur martiale, la Champagne est sans contredit la plus belliqueuse. La jeunesse de cette province s'élance avec impétuosité aux combats et déploie alors les forces qu'elle acquiert en temps de paix, par des exercices gymnastiques; et, après avoir préludé par des guerres simulées, elle montre le plus grand courage dans les guerres réelles. »

JEAN DE BRIENNE, roi de Jérusalem, empereur de Constantinople et trouvère, né à Brienne-le-Château, vers 1160, mort à Constantinople, en 1237. Comme son inflexible père voulut employer la force pour le contraindre à embrasser la carrière ecclésiastique, il quitta secrètement la maison et alla chercher, dans le monastère de Clairvaux, un asile contre la colère paternelle. Né avec la passion des armes, il partit pour la 4ᵉ croisade avec son frère Gauthier, en 1201, et y fit des prodiges de valeur. Sur l'ordre de Philippe-Auguste, il épousa la veuve du dernier roi de Jérusalem, mais fut détrôné quatorze ans plus tard par son gendre. Il souleva contre lui les Deux-Siciles et fut vaincu en 1229. Alors les barons français de l'empire d'Orient le nommèrent empereur de Constantinople, pendant la minorité de Baudouin II. Il fit preuve d'habileté et de vaillance en défendant sa capitale contre les Grecs et les Bulgares.

Jean de Brienne était brave, bon et prudent, mais avare. Comme trouvère, il est l'auteur d'une naïve pastourelle.

JEANNE DE NAVARRE ou de Champagne, femme du roi Philippe le Bel, naquit à Bar-sur-Seine (ou à Bar-sur-Aube en 1272), et mourut à Vincennes, en 1305. Devenue reine de France en 1285, Jeanne conserva l'administration de ses domaines que formaient le royaume de Navarre, les comtés de Champagne et Brie. En 1297, elle vint défendre la Champagne contre le comte de Bar. Outre les abbayes qu'elle fonda, ou combla de biens, Jeanne voulut éterniser sa mémoire en créant le collège de Navarre et de Champagne, à Paris. Les premières bourses étaient assignées à quinze étudiants champenois.

Jeanne de Navarre mourut empoisonnée, à l'âge de trente-trois ans.

JUVÉNAL DES URSINS, ou Jouvenel (Jean), magistrat, né à Troyes, vers 1360, mort à Paris, vers 1431. Le surnom *des Ursins* vient de l'hôtel de ce nom que la ville de Paris lui donna en récompense de ses services. Nommé prévôt des marchands de Paris, il obtint contre les seigneurs féodaux la libre navigation de la Seine, fit travailler les prisonniers du Châtelet à l'assainissement du quartier Sainte-Geneviève, et s'opposa aux projets usurpateurs du duc de Bourgogne, qui l'accusa devant le roi. Juvénal n'eut pas de peine à se justifier. En sortant un matin de chez lui, il trouva à sa porte un groupe de jeunes gens, à genoux, enveloppés de draps blancs qui leur couvraient tout le corps. C'étaient les faux témoins qui venaient implorer leur pardon. Juvénal les releva, en les appelant par leurs noms, malgré leur déguisement, leur pardonna et leur donna l'assurance qu'il les aimerait toujours.

Cet excellent administrateur prit des mesures sévères pour réprimer les désordres causés à Paris par la guerre civile des Armagnacs et des Bourguignons. Lorsque ces derniers rentrèrent à Paris, Juvénal, secrètement averti, n'eut que le temps de se sauver. Ses propriétés furent confisquées. C'était une chose digne de pitié, dit un auteur de ce temps, de voir cet homme illustre, sur ses vieux jours, fugitif avec sa digne femme, Michelle de Vitry, ses onze enfants vêtus de misérables robes et presque nu-pieds, comme s'ils étaient réduits à la mendicité.

Du fond de sa retraite, l'honorable proscrit apprenait successivement l'assassinat de Jean sans Peur, la déchéance de l'honneur national par le honteux traité de Troyes, l'entrée de Henri V d'Angleterre à Paris. Ces événements remplirent son âme d'une immense tristesse et hâtèrent sa fin.

Le mérite supérieur de ce grand et vertueux citoyen se propagea pendant près de quatre siècles avec sa race;

et, pour l'honneur de la France comme pour la gloire de la Champagne, les éminentes qualités patriotiques, les purs sentiments du devoir accompagnèrent ses descendants pendant cette longue période.

JEAN DE TROYES, qu'il ne faut pas confondre avec l'historien de Louis XI, démagogue, est né à Troyes, vers 1385; on ignore le lieu et la date de sa mort. D'un caractère ardent, et doué d'une éloquence de tribun, il souleva les Cabochiens contre les ducs de Berry et de Guyenne. Il allait faire prendre quelque violente résolution lorsqu'on lui arracha des mains un manifeste, aux cris de : La paix, la paix, la paix !

Au milieu de cette grande crise, le salut de l'Etat se trouva entre les mains de deux Champenois, Jean de Troyes, appelant le peuple à la liberté, et Jean Juvénal des Ursins, le ramenant au respect de l'autorité. Jean de Troyes, abandonné d'une partie des siens, fut obligé de s'enfuir.

PITHOU (Pierre), surnommé le *Varron* de la France, célèbre jurisconsulte et érudit, né à Troyes, en 1539, mort près de Nogent-sur-Seine en 1596. Il étudia le droit sous Cujas, mais sa timidité le porta à se borner aux consultations. Ayant embrassé la religion protestante, il faillit être victime de la Saint-Barthélemy; puis il revint à la foi catholique. Nommé bailli de Tonnerre, puis procureur-général en Guyenne, il fut un des principaux auteurs, avec Passerat et autres, de la *Satire Ménippée*. C'est à lui que l'on attribue la harangue si remarquable de Daubray. Par reconnaissance, Henri IV voulut qu'il exerçât les fonctions de procureur-général au Parlement de Paris. Il les résigna le plus tôt qu'il put pour retourner à ses livres et à son cabinet d'avocat.

On doit à Pierre Pithou une foule de travaux, entre autres, les *Coutumes du Bailliage de Troyes en Champagne*.

MOLÉ (Guillaume), marchand, né à Troyes, vers 1400; mort dans cette ville à la fin du XVe siècle. Il fut la tige de cette famille qui s'est illustrée dans la magistrature, et dont le plus habile fut Mathieu Molé, premier président et garde des sceaux. Guillaume partagea avec

Jean Léguisé, évêque de Troyes, la gloire d'avoir chassé les Anglais de cette ville, en 1429, et de l'avoir fait rentrer sous l'obéissance du roi Charles VII, conduit par Jeanne d'Arc.

Le nom de Molé a été donné à l'une des rues de la ville de Troyes.

HUEZ (Claude), né à Troyes, en 1724, mort dans cette ville, le 9 septembre 1789. Descendant d'une ancienne famille de magistrats, il fut nommé maire de Troyes en 1786 ; l'année suivante, représentant du Tiers-Etat à l'Assemblée provinciale de Châlons ; en 1788, il fit partie de l'assemblée des notables, à Versailles.

A cette époque, il n'était question que du *pacte de famine* et des accapareurs de grains. Un sieur Besançon, marchand épicier, avait reçu de la farine qu'on disait avariée. Des plaintes furent faites à Huez, qui était chef des conseillers au Présidial ; on exigeait du magistrat, avec menaces, une punition. En se rendant au tribunal, le maire fut insulté ; on jeta de la farine sur sa robe. Le tribunal décida que les farines avariées seraient brûlées.

Ce jugement ne satisfit point les factieux, qui jetèrent Huez la face contre terre. Un commissaire réussit à le mettre en sûreté dans une des chambres du palais. Mais les émeutiers revinrent à la charge, plus furieux que jamais. Ils firent le siège de l'édifice, enfoncèrent une porte, frappèrent l'honorable magistrat et le laissèrent pour mort. Au moment où ils traînaient son corps vers la rivière, une misérable femme lui creva les yeux avec ses ciseaux. Une décharge du Royal-Dragons, qui intervint trop tard, mit fin à l'émeute.

Ce drame eut son dénouement devant la justice. Un des coupables fut condamné à être roué vif, et quelques autres à être pendus. Parmi ces derniers se trouvait l'odieuse femme qui avait plongé ses ciseaux dans les yeux de sa victime. Cette exécution eut lieu le 27 novembre 1789.

GARNIER (Antoine-Marie-Charles), dit *Garnier de l'Aube*, homme politique, né à Troyes, en 1742 ; mort à Blaincourt, en 1805. Il fut l'un des plus brillants élèves du collège de l'Oratoire de Troyes. Avocat à Troyes, en 1789, il embrassa avec ardeur les idées de la Révolution et devint procureur de la Commune, en 1792. Nommé député de l'Aube à la Convention, il siégea à la Montagne avec Danton, son compatriote. Quelque temps après, il fut chargé d'une mission dans les départements de l'Aube et de l'Yonne, où il organisa les autorités révolutionnaires. Lorsque Danton fut proscrit, il fit des efforts extraordinaires pour le sauver, et s'exposa lui-même à de grands dangers. Quand, au 9 thermidor, Robespierre voulut parler, Garnier s'écria : « Le sang de Danton sort par ta bouche. » Garnier s'associa aux mesures de réparation prises par la Convention ; malgré cela, il ne fut pas réélu au conseil des Cinq-Cents et rentra dans l'obscurité après 1796.

BEUGNOT (le comte Jacques-Claude), homme d'Etat, né à Bar-sur-Aube, en 1761 ; mort à Bagneux, près de Paris, en 1835. Il fut successivement lieutenant-général au présidial de Bar-sur-Aube et député à l'Assemblée nationale, en 1791. Il se fit le défenseur du trône constitutionnel. Ses courageuses motions contre Marat et ses partisans lui attirèrent la haine de la multitude. Arrêté aux premiers jours de la Terreur, il eût péri, sans la révolution du 9 thermidor. Beugnot fut préfet de la Seine-Inférieure en 1799, conseiller d'Etat en 1806, ministre de l'Intérieur en 1814, directeur général de la police, puis ministre de la Marine en 1815, et enfin député de la Haute-Marne, de 1815 à 1821. Il mit son beau talent d'orateur au service de ses opinions fermes, mais modérées, et soutint le principe de la liberté de la presse.

Son fils *Arthur-Auguste* est connu comme publiciste et savant.

DANTON (Georges-Jacques), homme politique, né à Arcis-sur-Aube, en 1759, mort à Paris en 1794. Il était avocat au Parlement quand la Révolution vint en faire un tribun populaire d'une grande énergie. Secondé par Camille Desmoulins, il établit le club des Cordeliers, et en fut l'orateur le plus distingué. Député de Paris à la Convention, en 1792, ministre de la Justice, il vota la mort de Louis XVI et fut envoyé en Belgique pour convertir ce pays à la Révolution. Membre du Comité de Salut public, il fit décréter la formation du Tribunal révolutionnaire. Quoique président de la Convention, ses collègues l'accusèrent de tiédeur. Arrêté par ordre de Robespierre, il fut guillotiné. Sur le point de recevoir le coup fatal, il dit au bourreau : « Tu montreras ma tête au peuple, elle en vaut la peine. » Ennemi juré des institutions monarchiques, Danton n'avait pas de haine contre les personnes et il arracha plus d'une victime au poignard et à l'échafaud. Il fut un des hommes de la Révolution qui déployèrent le plus d'éloquence. Son caractère offrait les contrastes les plus marqués. Il était très doux dans la vie privée et devenait un lion à la tribune.

En 1888, la ville d'Arcis lui a élevé une statue par souscription.

PARIGOT (Louis-Félix), homme politique, né à Troyes, en 1804; mort dans cette ville, en 1875. Il exerça d'abord les fonctions de notaire à Troyes. Sa bonté était proverbiale, comme sa probité. Membre du conseil municipal pendant toute sa vie, il fut maire de Troyes, de 1852 à 1859, puis en 1870. Pendant l'invasion, il veilla nuit et jour pour protéger la ville contre les exigences de l'ennemi et alléger ses souffrances, au risque même de sa liberté. La reconnaissance publique le fit nommer député de l'Aube en 1871. Parigot mérita bien de son pays.

V. — HOMMES DE GUERRE

HASTING, chef de pirates normands, présumé né à Trancault, vers 840, mort en Angleterre ou dans les régions scandinaves, vers l'an 900. — Doué d'une force prodigieuse, plein de mépris pour l'humble condition de ses parents, il s'associa aux hommes du Nord et acquit sur eux l'autorité d'un chef. A la tête d'une flotte nombreuse, il ravagea la France, pilla la ville de Luna, en Italie, après s'en être emparé par ruse, tua Robert le Fort à Brissarthe, mais fut repoussé devant Rennes. Enfin, dégoûté de ses aventures, il accueillit les propositions de Charles le Chauve et consentit à recevoir une forte somme d'argent et la possession du comté de Chartres.

Pendant que sa province natale languissait en butte à la fureur des brigands scandinaves, Hasting, retiré dans son comté, tremblait de subir le sort d'un de ses anciens compagnons, Godefroy, assassiné par ordre du roi. Pour sa tranquillité personnelle, il résolut de céder son comté au comte Thibaut, moyennant une somme d'argent, quitta la France et n'y reparut plus.

Nos vieux comtes de Champagne durent à la détermination d'Hasting un des plus beaux apanages de leur maison.

BRUNETEAU DE SAINTE-SUZANNE (le comte Gilles-Joseph-Marie), général, né à Poivre, en 1760, mort à Paris, en 1830. — Engagé dans les Gardes-Françaises, il était capitaine de grenadiers au moment de la Révolution. Il adopta les principes du nouveau régime et conquit rapidement les grades supérieurs par son courage et sa belle conduite. Il se distingua à la défense de Mayence, puis à la bataille de Cholet. Il fit les campagnes du Rhin jusqu'à la paix de Lunéville, qui mit fin à sa carrière militaire. Bruneteau fut nommé comte de l'Empire en 1809, puis se rallia à la Restauration qui le nomma pair de France. Dans le procès du maréchal Ney, il refusa de prendre part au jugement en disant que la défense n'avait été ni libre, ni entière.

GAUTHERIN (le baron Pierre-Edme), né à Troyes, en 1770 ; mort à Saint-Martin-les-Vignes, faubourg de Troyes, en 1851. Fils de boulanger, comme le général Chanez, Gautherin s'éleva, comme lui, aux grades supérieurs, sans jamais renier sa modeste origine. Il fit toutes les campagnes de la République et de l'Empire, se distingua particulièrement à Friedland et à Wagram, et supporta, en 1812, les fatigues et les dangers de la désastreuse expédition de Russie. Le gouvernement de la Restauration le nomma inspecteur de cavalerie. Revenu au sein de sa famille, il remplit à Troyes, jusqu'en 1848, les fonctions de colonel de la garde nationale.

BEURNONVILLE (Pierre Riel, comte de), maréchal de France, né à Champignol, en 1752 ; mort à Paris, en

1821. Après quelques années de service dans les grades inférieurs, il partit en 1780 dans les Indes avec le bailli de Suffren, et s'y maria très richement. En 1792, il fut nommé maréchal de camp, et presque aussitôt général en chef de l'armée de la Moselle. Sa bravoure peu commune l'avait fait nommer l'*Ajax français* par Dumouriez. Il combattit d'une manière brillante à Valmy et surtout à Jemmapes. Dumouriez lui proposa de renverser la République. Non seulement il se refusa à ces avances antipatriotiques, mais il dénonça même Dumouriez et fut chargé de lui porter le décret qui le mandait à la barre de la Convention. Celui-ci, au lieu de se rendre, fit arrêter Beurnonville qui subit une dure captivité de deux ans et demi. Sous le Directoire, il fut nommé général en chef de l'armée de Sambre-et-Meuse, en remplacement de Jourdan. L'Empire le fit sénateur en 1805 et comte en 1813. Louis XVIII le nomma pair de France, ministre d'Etat et enfin maréchal de France, en 1816.

CHANEZ (Jean-Baptiste-Victor), général de brigade, baron de l'Empire, né à Bar-sur-Seine en 1746, mort à Paris en 1825. A l'âge de seize ans, il s'engagea dans les Gardes-Françaises. La Révolution de 1789 le trouva adjudant : c'était le plus haut grade qu'un roturier pût atteindre. Licencié à la prise de la Bastille, il devint un des chefs de la garde nationale parisienne. Le Directoire le nomma général et commandant de la place de Paris. Plus tard, il fit la campagne d'Egypte et défendit héroïquement Malte contre les efforts combinés des escadres de l'Angleterre et du Portugal. Il organisa la garde consulaire, et, après divers commandements sous l'Empire, il fut mis à la retraite par la Restauration.

Chanez n'oublia jamais qu'il était fils d'un simple boulanger.

VOUILLEMONT (Armand-Nicolas), baron de l'Empire, homme de guerre, né à Arsonval, en 1753 ; mort à Bar-sur-Aube, en 1846. — En 1789, il était maréchal-des-logis des chasseurs. Il se fit remarquer notamment à Fleurus, à Manheim, où il fut blessé et fait prisonnier. Il reçut le brevet de général sur le champ de bataille du siège de Gênes, accompagné des témoignages les plus flatteurs *de sa bravoure, de sa capacité et de sa conduite distinguée.* Il prit part avec distinction à la guerre d'Espagne. Ayant pris sa retraite à Bar-sur-Aube, il y vécut encore pendant plus de trente ans, et fit à sa mort des legs importants à la ville et au bureau de bienfaisance.

PARTOUNEAUX (le comte Louis), général, né à Romilly-sur-Seine, en 1770 ; mort à Menton, en 1835. — Il fit avec honneur les guerres de la République et de l'Empire. Blessé en 1793, au siège de Toulon, le général en chef, Dugommier, lui écrivait, en lui transmettant le brevet d'adjudant-général : « Reçois le tribut de la reconnaissance nationale. Je te le transmets avec autant de plaisir qu'il y a de justice à te l'accorder. »

Il fit des prodiges de valeur pendant la retraite de l'armée d'Italie. Le général Schérer, en remettant le commandement en chef à Moreau, lui dit : « Je te présente Partouneaux, qui, dans cette campagne, a fait des miracles. » De 1806 à 1811, il servit dans le royaume de Naples et pacifia le midi de l'Italie. Il fit la campagne de 1812. Plus tard, il fut nommé député du Var. Son nom est inscrit sur l'Arc-de-Triomphe de l'Étoile, à Paris.

Le général Partouneaux laissa trois fils, qui ont suivi le noble exemple de leur illustre père.

VALÉE (Silvain-Charles), comte, maréchal de France, né à Brienne-le-Château, en 1773 ; mort à Paris, en 1846. — Il fit toutes les campagnes de la République avec distinction. Dans les grandes guerres de l'Empire, il prit une part glorieuse aux journées d'Iéna, d'Eylau et de Friedland, et acquit une haute réputation aux sièges de plusieurs villes d'Espagne. Charles X le nomma pair de France, en 1830. Enfin, en 1837, malgré son âge avancé, il partit pour l'Afrique et présida à l'assaut de Constantine avec l'entrain d'un jeune homme, reçut le bâton de maréchal et fut nommé gouverneur de l'Algérie.

BERTRAND (Edme-Victor), général de brigade, né à Géraudot, en 1769, mort dans la Somme, en 1814. Il fit les campagnes de la République et de l'Empire. A Lutzen, il culbuta l'ennemi à la baïonnette et fut atteint de quatre coups de feu. Il reçut à la bataille de Leipzig une nouvelle blessure qui devint bientôt mortelle par les suites d'une retraite précipitée.

Son fils, René-Ludovic, fut aussi général. Il prit une part glorieuse à la bataille de Reichshoffen et fut nommé, en 1871, commandant du Prytanée de La Flèche.

MOCQUERY (Alexandre), général, né à Eaux-Puiseaux, en 1789, mort à Ervy, en 1853, était le plus jeune de trois enfants, dont l'aîné fut aussi général, et le second capitaine. — Il n'avait pas encore seize ans lorsque son frère aîné le fit entrer à l'Ecole militaire de Fontainebleau. Sa marche fut rapide : en 1807, il était lieutenant. Son nom fut cité à l'ordre du jour, en 1811, pendant la campagne de Portugal. Mis en disponibilité pendant huit ans, à la rentrée des Bourbons, il fut rappelé pour faire l'expédition d'Espagne, en 1823 ; puis il prit part à l'expédition d'Anvers (1832) et s'attira l'estime particulière du duc d'Orléans, fils de Louis-Philippe.

Chargé de garder le Fondouk, poste renommé par son insalubrité et ses dangers, Mocquery rendit en Afrique, pendant quatre ans, les plus grands services. Il commanda ensuite les places de Toulon et de Marseille.

Les parents du général Mocquery étaient pauvres et de la plus humble condition. Sa vie prouve que « dans notre temps et dans notre pays, avec de la volonté, de la droiture et du travail, on peut se passer des avantages du rang et de la fortune, et arriver légitimement aux plus hautes positions sociales. »

VI. — HOMMES D'ÉGLISE

SAINT LOUP, huitième évêque de Troyes, de 420 à 479 ; né à Toul, vers la fin du IV° siècle, mort à Troyes, en 479. — En 451, il arrêta Attila aux portes de la ville. La cathédrale de Troyes conserve, dans un reliquaire enrichi d'émaux du xiie siècle, un fragment du crâne de cet illustre évêque.

PIERRE DE CELLES, évêque de Chartres, né à Troyes, vers 1110; mort à Chartres, en 1187. Son surnom lui vient de l'abbaye de Montier-la-Celle, près de Troyes, dont il fut abbé et où il fit de sérieuses réformes. Il est regardé comme un des plus grands évêques du pays chartrain. La vieille cité druidique des Carnutes lui fut redevable d'une enceinte de murailles, de quelques places publiques et de divers édifices. Pierre de Celles fut à la fois orateur, théologien et littérateur.

PIERRE COMESTOR ou le Mangeur de livres, ainsi nommé à cause de son ardeur pour l'étude, né à Troyes, d'autres disent à Laubressel, au commencement du xiie siècle, mort à Paris, en 1198. — Il fut d'abord chanoine et doyen de la cathédrale de Troyes, puis directeur de l'école de théologie de Paris. Ce savant et laborieux ecclésiastique a écrit en latin une *Histoire scolastique* qui comprend en abrégé toute l'histoire sainte.

URBAIN IV (Jacques Pantaléon, dit de Courtpalais), pape, né à Troyes, en 1185, mort à Pérouse, en 1264. Fils d'un cordonnier en vieux ou chaussetier, il fut élevé aux écoles gratuites de la cathédrale, dont il était enfant de chœur, puis envoyé, aux frais de l'église de Troyes, à l'Université de Paris, où il se fit recevoir successivement docteur en droit et en théologie.

Dès cette époque il se distinguait par une vaste intelligence, une âme forte et un esprit élevé. Ses rares talents le firent nommer curé de Laon, archidiacre de Liège, légat en Allemagne, évêque de Verdun (de 1252 à 1255), enfin archevêque de Jérusalem et légat dans toute la Palestine. Il remplaçait Robert, patriarche latin, qui avait été jeté à la mer par les Sarrasins. Après un séjour de plusieurs années en Asie, pendant lesquelles il avait étudié les besoins et les ressources de son patriarchat, Jacques de Troyes partit pour Rome afin d'y solliciter des secours. Le pape Alexandre IV venait de mourir, et les cardinaux, réunis dans Viterbe, travaillaient en vain, depuis trois mois, à lui donner un successeur. D'une voix unanime, ils élurent, le 4 septembre 1261, le patriarche de Jérusalem, qui prit le nom d'Urbain IV. Il n'était pas cardinal, et cette élection fut, de la part du Collège des cardinaux, une dérogation très rare au plus précieux de ses droits.

A cette époque, les papes voulaient déposséder la maison de Souabe du royaume de Naples, car elle s'unissait aux Sarrasins pour jeter la désolation dans les plus belles contrées de l'Italie méridionale. Innocent IV avait même appelé à ce royaume le fils du roi d'Angleterre, et Alexandre IV avait travaillé au même résultat. Le premier acte d'Urbain IV témoigna de son attachement à sa patrie; il abandonna le traité commencé par ses prédécesseurs avec l'Angleterre, et tourna ses vues vers le comte d'Anjou, frère de saint Louis. Le peu d'empressement du roi de France à accepter cette proposition livra Urbain IV aux poursuites de Manfred (ou Mainfroid), roi de Sicile, qui, s'étant avancé jusqu'à Viterbe, l'obligea à fuir vers Pérouse, où il mourut, dit-on, empoisonné, après trois ans de pontificat et sans être entré à Rome.

Urbain IV fit élever à Troyes, sur l'emplacement de l'échoppe de son père, l'église inachevée qui porte son nom, et qui est considérée comme l'un des plus merveilleux chefs-d'œuvre de l'architecture ogivale. On l'oppose souvent à la Sainte-Chapelle, construite vers le même temps : Saint-Urbain est plus léger et plus hardi.

Ce pape institua la Fête-Dieu, dont il fit composer l'office par saint Thomas d'Aquin. Il eut une ardente affection pour sa ville natale, qui donna son nom à l'une de ses rues.

AUCHER (Pantaléon), cardinal, né à Troyes, vers 1210; mort à Rome, en 1286. — Né de simples artisans, il parvint aux plus hautes dignités de l'Église par ses talents et ses vertus, mais aussi avec la protection de son oncle, le pape Urbain IV. Il contribua puissamment de ses deniers à la continuation des travaux de Saint-Urbain, et fit bâtir en bois la petite église de Saint-Pantaléon, à Troyes, qui a été reconstruite plus tard sur un plan plus vaste. Une petite rue de Troyes porte le nom du cardinal Aucher.

GUILLAUME DE CHAMPAGNE, dit *aux Blanches Mains*, ou le *Cardinal de Champagne*, né à Troyes, en 1135; mort à Laon, en 1202. — Quatrième fils de Thibaut II, les plus rares talents accompagnèrent la noblesse de son origine. Il fut évêque de Chartres et archevêque de Sens. Lorsque Thomas Becket, archevêque de Cantorbéry, fut assassiné par Henri II, en 1169, le pape nomma Guillaume son légat pour aller demander raison de ce crime au roi d'Angleterre. Promu à l'archevêché de Reims, il y sacra Philippe-Auguste, et obtint pour cette ville la prérogative du sacre. Le roi le fit son premier ministre. Guillaume fut le premier seigneur féodal qui accorda des franchises au peuple de ses domaines.

VAUCEMAIN (Louis de), évêque de Chartres, né à Troyes, vers 1290; mort à Paris, en 1357. — Il fut frappé d'interdit par Guillaume, archevêque de Sens, pour n'avoir pas voulu admettre son droit de visite et lui avoir refusé le gîte qu'il lui devait. Mais il fit bientôt la paix avec Guillaume et se soumit à la visite canonique.

Louis de Vaucemain fut chargé de pacifier les sujets du roi de France et du roi d'Aragon. Il publia des statuts synodaux qui renouvelaient toute la discipline ecclésiastique. Par son testament, il laissa ses biens aux pauvres et aux églises.

MAUROY (Henri de), né à Troyes, vers 1515; mort dans cette ville, vers 1570. — Docteur et professeur en théologie de la faculté de Paris, il était versé dans les trois langues latine, grecque et hébraïque.

BOUCHERAT (Nicolas Ier), abbé de Cîteaux, né à Pont-sur-Seine, en 1515, mort à Cîteaux, en 1586. Docteur en théologie, il brilla par son éloquence au concile de Trente, en 1545. Nommé député aux Etats de Blois, en 1577, il se signala par la fermeté et l'indépendance de son langage et peignit à Henri III les malheurs de la province.

BOUCHERAT (Nicolas II), neveu du précédent abbé de Cîteaux, né à Pont-sur-Seine, en 1562; mort à Cîteaux, en 1625. — Docteur en théologie, il visita et réforma presque tous les monastères de son ordre. Son mérite et sa science lui valurent d'être député aux Etats de Paris, en 1615, et président aux Etats de Bourgogne.

Une rue de Troyes porte le nom des Boucherat.

ROBERT (Claude), chanoine et archidiacre, né à Chesley, en 1564; mort à Châlons-sur-Saône, en 1637. — Il s'acquit à Rome l'estime des personnages les plus éminents et conçut dans cette ville le plan de son grand ouvrage, la *Gallia Christiana*. On s'étonne qu'un seul homme ait pu achever une telle œuvre d'érudition, l'une des pierres angulaires de notre histoire de France.

BÉRULLES (Le cardinal Pierre de), né au château de Cérilly (Yonne), de la famille seigneuriale de Bérulles, en 1575, mort à Paris, en 1629, sut se concilier l'estime de ses adversaires par la douceur de son caractère. Il établit en France l'ordre des *Carmélites* et fonda la congrégation enseignante des *Oratoriens*, rivale de celle des Jésuites.

Bérulles refusa des évêchés considérables que lui offrirent Henri IV et Louis XIII. Il réconcilia ce dernier roi avec sa mère, Marie de Médicis, et fut élevé au poste de ministre chef du conseil de la reine-mère. Il rapporta de Rome les dispenses nécessaires au mariage d'Henriette de France, fille de Henri IV, avec le prince de Galles, qui fut Charles Ier. Richelieu, qui en était jaloux, le força de quitter les affaires politiques. Bérulles mourut tranquillement au milieu de ses disciples.

VIGNIER (Jacques), historien et écrivain ecclésiastique, né à Bar-sur-Seine, vers 1603; mort à Dijon, en 1669. — Il se fit jésuite à l'âge de dix-sept ans et devint recteur de cet ordre à Chaumont, à Langres, puis à Dijon; professa les humanités, la philosophie et la théologie morale. Il laissa quelques ouvrages d'histoire ecclésiastique, notamment la *Chronique de l'évêché de Langres*, dans laquelle on trouve l'histoire des pays de la Bourgogne qui appartiennent aujourd'hui au département de l'Aube.

BREYER (l'abbé Remi), théologien, docteur en Sorbonne, neveu de trois autres abbés célèbres du même nom, né à Troyes, en 1669 ; mort dans cette ville, en 1749. Il donna une bonne part de son temps à l'histoire locale, et laissa une foule de notes manuscrites sur tous les points de l'histoire ecclésiastique.

LOMÉNIE (Etienne-Charles), de l'illustre famille des comtes de Brienne, né dans cette ville, en 1727, mort à Sens, le 16 février 1794, d'une attaque d'apoplexie foudroyante, au moment où on venait l'arrêter pour le conduire devant le Tribunal révolutionnaire. Cardinal-archevêque de Toulouse, puis de Sens ; membre de l'Académie française, il fut ministre des finances, en 1787.

VII. — PERSONNAGES DIVERS

MOREAU DE LA ROCHETTE (le baron François-Thomas), agronome et industriel, né à Rigny-le-Ferron, en 1720, mort près de Melun, en 1791. — Il conçut le projet de fertiliser un terrain inculte et stérile aux environs de Melun et que son nom de *la Rochette* dépeignait exactement. D'après un dicton du pays « une poule n'y aurait pas trouvé à vivre au mois d'août ». Moreau en fit une des plus riches propriétés de la Brie. Il fonda à la Rochette un établissement de culture et une école de pépinières où cent enfants trouvés reçurent une instruction pratique qui en fit bientôt des agriculteurs expérimentés et ennemis de la routine. Louis XV donna à Moreau des lettres de noblesse.

JAILLANT-DESCHAINETS (Antoine-François), bienfaiteur de la ville de Troyes, né dans cette ville, en 1776 ; mort à Paris, en 1851. — Il légua par testament à sa ville natale plus de 400,000 francs pour l'établissement de fontaines publiques, la création de cours publics d'anglais et d'allemand et la fondation de quatre prix annuels de chacun 500 francs, dont deux pour bons et loyaux services et deux pour belles actions. La première distribution s'est faite en 1853. L'une des rues de Troyes porte le nom de son bienfaiteur.

SEURAT (Claude-Ambroise), dit le *Squelette vivant* ou l'*Homme anatomique*, né à Troyes, en 1798 ; mort à Savigné-l'Evêque (Sarthe), vers 1840. — Issu de parents cultivateurs, et après avoir vécu jusqu'à l'âge de trois à quatre ans dans les conditions ordinaires, il commença à maigrir et à perdre la sensibilité physique sans éprouver aucun malaise. A vingt-quatre ans, c'était un véritable squelette mesurant 1^m,75 de taille et pesant 21 kilogrammes et demi. Sa poitrine avait quatre centimètres d'épaisseur ; ses cuisses, deux centimètres, et ses bras, au plus trois centimètres de circonférence. Sa nourriture consistait en 375 grammes d'aliments légers par jour ; un verre d'eau rougie faisait toute sa boisson. Ce sujet extraordinaire fut examiné par les plus fameux docteurs français et étrangers, et gagna beaucoup d'argent à se faire voir dans une partie de l'Europe.

DOUBLET (Jean-Hippolyte), philanthrophe, né à Troyes, en 1802 ; mort en cette ville, en 1880. — Il se fit le gardien de son père vénéré devenu aveugle. Ancien marchand boucher, simple dans ses habitudes, il a vu se tripler sa fortune. Son amour pour les classes laborieuses lui inspira le désir d'imiter Jaillant-Deschainets dans ses libéralités. Il fonda par testament des livrets de caisse d'épargne pour être distribués aux ouvriers les plus méritants de la ville de Troyes ; puis d'autres livrets à distribuer à des jeunes gens travaillant chez des cultivateurs de l'Aube. Les hospices de Troyes ont été institués ses légataires universels. Le nom de Doublet a été donné à l'avenue de la gare, pour le percement de laquelle il a donné 50,000 francs.

BRETON (François), bienfaiteur de son pays, né à Bar-sur-Seine, en 1800 ; mort en cette ville en 1875.

— Issu d'une des plus anciennes familles de Bar-sur-Seine, Breton débuta dans l'industrie de la tannerie et établit ensuite une maison de banque importante. Il a légué à la ville de Bar-sur-Seine une ferme importante dont les revenus ont été affectés à la création de bornes-fontaines. Il n'a pas non plus oublié l'hôpital et les pauvres. Une rue de Bar-sur-Seine porte son nom.

BALTET (Lyé-Savinien), horticulteur-pépiniériste, né à Troyes, en 1800 ; mort en cette ville, en 1879. De vastes terrains marécageux, aux portes de Troyes, restaient improductifs et devenaient même à certaines époques des foyers de contagion par les miasmes qui s'en exhalaient. Baltet les défricha et les assainit en y créant les pépinières de Croncels, dont la réputation est aujourd'hui européenne. On lui doit la propagation des bonnes espèces d'arbres fruitiers dans le département et même au loin.

Son fils Charles tient le premier rang dans les expositions et a publié de nombreux ouvrages d'horticulture.

FIN

TABLE ALPHABÉTIQUE

DES PERSONNAGES REMARQUABLES DE L'AUBE

	Pages		Pages
Arnaud	56	Doublet	80
Aucher	76	Gambey	57
Ballet	81	Garnier	68
Belgrand	63	Gautherin	71
Bertrand (les)	71	Gauthier III	64
Bertrand (Arcade)	63	Gauthier (Martin-Pierre)	57
Berulles	78	Gentil	53
Beugnot	69	Gerdy	62
Beurnonville	71	Girardon	53
Boucherat (les)	77	Gontier	52
Bourbon l'Ancien	49	Grosley	51
Bourbon le Jeune	49	Guillaume de Champagne	77
Boursault	50	Guyot	62
Boutiot	51	Hasting	70
Breton	80	Henri Ier	64
Breyer	79	Huez	68
Brienne (Jean de)	65	Huon de Méry	46
Bruneteau de Ste-Suzanne	71	Jaillant-Deschainets	79
Carrey	55	Jamyn	48
Chanez	72	Janson	60
Chrestien de Troyes	45	Jarki	60
Collin de Plancy	51	Juvénal des Ursins	47
Compiègne (de)	64	Juvénal des Ursins	66
Cossard	55	Larrivey	48
Courtalon-Delaistre	50	Le Bé	52
Danton	69	Loménie de Brienne	79
Delaunay	63	Loup (saint)	74
Desessartz	61	Maison	59
Desmarets	60	Martin-Hermanowska	56

Reliure serrée

TABLE ALPHABÉTIQUE

	Pages		Pages
Mauroy	77	Siret, dit Raisin	54
Mignard	53	Sommerard (du)	61
Mocquery (les)	74	Thénard	61
Molé	67	Thibault IV	76
Moreau de la Rochette	79	Thiesson	59
Navarre (Jeanne de)	65	Thomassin	52
Paillot de Montabert	55	Troyes (Jean de)	47
Parigot	70	Troyes (Jean de)	67
Partouneaux	73	Ubach	52
Passerat	47	Urbain IV	75
Pierre Comestor	75	Valée	73
Pierre de Celles	75	Vaucemain	77
Pithou	67	Vignier (Jacques)	78
Régley	60	Vignier (Nicolas)	50
Robert	78	Villehardouin	45
Seurat	80	Vouillemont	72
Simart	58		

Émile Colin, — Imprimerie de Lagny

GÉOGRAPHIES DÉPARTEMENTALES

In-4° couronne : Prix, 50 centimes

Prix 30 cent.

Contenant en texte une étude physique, historique, administrative, agricole industrielle et commerciale

et 1 carte physique et historique du département (coloris par arrondissements) et 1 carte politique, administrative et économique (coloris par cantons)

Les 2 cartes gravées sous la direction de R. Hausermann ont été tirées en chromolithographie, 7 couleurs.

~~~~~~~

NOTICES GÉOGRAPHIQUES EN VENTE :

...in, par M. Poisson, inspecteur primaire, Officier de l'Instruction publique.

...isne, par M. Vaillant, directeur d'École normale, Officier de l'Instruction publique.

...abe, par M. C. Dodet, inspecteur primaire.

...ouches-du-Rhône, par M. Malet directeur d'École normale, Officier de l'Instruction publique.

...alvados, par M. Besson, directeur d'École normale, Officier de l'Instruction publique.

...arente, par M. C. Plazy, inspecteur primaire.

...her, par M. Coupas, professeur d'Histoire et de Géographie à l'école normale.

...ordogne, par M. Chaussade, inspecteur primaire, Officier d'Académie.

...ôme, par M. Cotchoud, commis principal d'inspection académique, Officier d'Académie.

...inistère, par M. A. Nosts, inspecteur de l'enseignement primaire, Officier d'Académie.

...ers, par M. E. Béchet, inspecteur primaire, Officier d'Académie.

...e-et-Vilaine, par M. Philpot, inspecteur primaire, Officier d'Académie.

...dre-et-Loire, par M. L. Javary, inspecteur primaire, Officier d'Académie.

...andes, par M. Bonnefeuse, commis d'inspection académique.

...ir-et-Cher, par M. E. Saindenis, inspecteur primaire, Officier d'Académie.

...ozère, par M. Martin, de l'Enseignement primaire.

...aine-et-Loire, par M. Vassier, inspecteur primaire, Officier d'Académie.

...anche, par M. Descaux, inspecteur primaire, Officier de l'Instruction publique.

Marne, par M. P. Chevallier, inspecteur primaire, Officier d'Académie.

Mayenne, par M. Charpentier, inspecteur primaire, Officier d'Académie.

Meurthe-et-Moselle, par M. E. Noël, directeur honoraire d'école normale.

Morbihan, par M. Riallant, inspecteur primaire, officier d'Académie.

Nord, par M. Ad. Roron, inspecteur primaire, Officier de l'Instruction publique.

Oise, par M. Halotel, inspecteur primaire, Officier de l'Instruction publique.

Orne, par M. Rozier, commis d'inspection académique.

Pas-de-Calais, par M. David, inspecteur primaire, Officier d'Académie.

Rhône, par M. L. Janich, directeur de l'École normale, Officier de l'Instruction publique.

Haute-Saône, par M. A. Fesard, inspecteur primaire.

Saône-et-Loire, par M. Trousy, inspecteur primaire, Officier d'Académie.

Seine-et-Marne, par M. Lecillier, chef de division à la Préfecture, Officier de l'Instruction publique.

Somme, par M. Quenardel, directeur de l'École normale, Officier d'Académie.

Tarn, par M. Vincens, inspecteur primaire.

Var, par M. Ayme, inspecteur primaire, Officier d'Académie.

Vaucluse, par M. R. Liquier, directeur d'école normale, officier d'Académie.

Vendée, par M. Leredde, inspecteur primaire, Officier de l'Instruction publique.

Vienne, par M. H. Barbeau, inspecteur primaire, Officier de l'Instruction publique.

Vosges, par M. Crator, inspecteur primaire, Officier d'Académie.

NOTICES HISTORIQUES PARUES :

Ain, par M. Poirson, inspecteur primaire.
*Aisne, par M. Morlot, docteur en droit.
Hautes-Alpes, par M. Lagier, inspecteur primaire.
Ardèche, par M. Belot, inspecteur primaire.
Ardennes, par M. Hassebouche, inspecteur primaire.
*Aube, par M. C. Dodet, inspecteur primaire.
Aude, par M. Maray, officier de l'instruction publique.
Bouches-du-Rhône, par M. Tavel, inspecteur primaire.
Calvados, par M. Estienne, directeur d'école normale.
Charente, par M. Plat, inspecteur primaire.
Corse, par M. Cossavin, inspecteur primaire.
*Côte-d'Or, par M. Ascot, inspecteur primaire.
Côtes-du-Nord, par M. Rigaut, inspecteur primaire.
Creuse, par M. Peloane, directeur d'école normale.
Dordogne, par M. Chaussade, inspecteur primaire.
Drôme, par M. Cornoud, commis principal d'inspection académique.
Eure, par M. Bourrois, inspecteur primaire.
*Finistère, par M. A. Nosus, inspecteur primaire.
Gard, par M. Portes, inspecteur primaire.
Gers, par M. Béchet, inspecteur primaire.
Ille-et-Villaine, par MM. Phillipot et Trevet, inspecteurs primaires.
Indre, par M. Beer, inspecteur primaire.
*Indre-et-Loire, par M. Javary, inspecteur primaire.
Jura, par M. Paul Champion, professeur au lycée.
Landes, par M. Bonnefemme, commis d'inspection académique.
Loir-et-Cher, par M. Suisdesis, inspecteur primaire.
*Loire-Inférieure, par M. P. Laberrie, inspecteur primaire.
Lot, par M. Mairot, directeur de l'école normale.
Lozère, par Eug. Martin, inspecteur de l'enseignement primaire.
*Maine-et-Loire, par M. Landais, inspecteur primaire.
*Marne, par M. Chevallier, inspecteur primaire.
Haute-Marne, par M. Chevallier, inspecteur primaire.
Meurthe-et-Moselle, par M. Noël, directeur honoraire d'école normale.
Morbihan, par M. Riallant, inspecteur primaire.
Nièvre, par M. Riallant, inspecteur primaire.
*Nord, par M. Roton, inspecteur primaire.
Oise, par M. Halocin, inspecteur primaire.
Orne, par M. Rozier, commis d'inspection académique.
*Pas-de-Calais, par M. David, inspecteur primaire.
Hautes-Pyrénées, par M. Bidart, professeur d'école normale.
*Rhône, par M. Ragot, inspecteur primaire.
*Haute-Saône, par M. Fenard, inspecteur primaire.
Saône-et-Loire, par M. Troust, inspecteur primaire.
Savoie, par M. Carteret, inspecteur primaire.
*Seine, par M. F. Lhomme, professeur au lycée Janson de Sailly.
Deux-Sèvres, par M. Hassebouche, inspecteur primaire.
Somme, par M. Al. Ledieu, conservateur de la Bibliothèque communale d'Abbe
Var, par M. Bourrilly, inspecteur primaire.
Vaucluse, par M. Liquier, directeur d'école normale.
Vendée, par M. Lebedel, inspecteur primaire.
Vienne, par M. Barreau, inspecteur primaire.
Haute-Vienne, par M. Gorroon, inspecteur primaire.
Vosges, par M. Claude, inspecteur primaire.
Algérie, par M. Ferrier, inspecteur primaire.

Les Notices marquées d'un astérisque sont vendues 75 c. les autres
Jointes au Cours d'Histoire, elles n'augmentent le prix de chaque v
que de 20 centimes.

20075. — Imprimerie A. Lahure, 9, rue de Fleurus, à Paris.

www.ingramcontent.com/pod-product-compliance
Lightning Source LLC
LaVergne TN
LVHW050559090426
835512LV00008B/1250